「生きる力」を育む 総合的な学習の時間

自己創造・社会創造へつながる理論と実践

田代髙章・阿部 昇

[編著]

福村出版

まえがき

　子どもたちが生きる現代は，グローバル化が進み，AI の進化や情報科学技術の発展など，変化が激しく，将来の予測が困難な社会となっている。そのような中で，子どもたちが気候変動，自然災害，少子高齢化，貧困・格差などの様々な現代的諸課題や地域課題に対して，それらを解決しながらどのような社会を創り出していくかが問われている。そのために，子どもたちには，単に知識を受身的に詰め込むのではなく，知識や技能を基盤にしつつ，それらを駆使して未知なる課題について，自分で，あるいは他者とともに考え，主体的に解決し行動できる力の育成が求められている。いわば，「量」よりも「質」としての学びの深まりが，現在の学校教育で求められていると言える。

　もっとも，子どもたちが主体的に自ら課題を見つけ，自ら学び自ら考え，問題を解決する資質や能力を育むことの必要性は，すでに平成 10（1998）年の学習指導要領改訂の際に強調されていた。その考えは，教育全体を通して，全人的な「生きる力」（いわゆる知・徳・体）を育むという教育理念の中でも強調されてきた。そして，「生きる力」を育むために，知識を一方的に教え込むことになりがちであった教育から，自ら学び自ら考える教育へと，教育の基調の転換を図るための象徴となったのが，当時新設された「総合的な学習の時間」（以下，「総合的学習」と略記）であった。

　平成 29（2017）年の学習指導要領の改訂においては，「生きる力」の理念を継承しつつ，さらに，子どもに育む「資質・能力」，「社会に開かれた教育課程」，「主体的・対話的で深い学び」による授業改善の視点などが，あらためて強調されている。このような教育課程改革は，自己の生き方や社会のあり方を創造的に考え行動できる力の育成を目指しており，現代的諸課題や地域課題などの教科横断的な課題の解決のために探究的な学習活動を重視する総合的学習においてこそ，その教育課程改革の趣旨はいっそう実現しやすいといっても過言ではないと思われる。

　また，学校教育において総合的学習の重要性があらためて認識される状況に

あることは，平成29（2017）年の教育職員免許法施行規則の改正において，「総合的な学習の時間の指導法」が教員免許取得のために必修科目となったことにも現れている。

　このような背景の下，これからの社会を担う子どもたちの人間的自立を支えるためには，よりよい自己創造とよりよい社会創造の実現に向けての見通しを，子どもたち自身が自覚できるような学習指導が実現できているかが総合的学習の良否を決定するといえよう。

　何よりも総合的学習で育みたい力は，現代社会や地域などが抱える様々な課題に対して，探究的な学びを通して子どもたちが自分たちの生き方を主体的かつ創造的に考え，多様な他者とともに将来に向けて，よりよい社会を創造できるための問題解決力と実践的行動力であると考える。

　本書編集の趣旨は，すべての子どもたちに，自分自身の生き方の創造と，子どもたちが生きる将来のよりよい社会の創造といった，双方の実現に向けての力を育むことを可能にする総合的学習のあり方を，理論的・実践的に提示することである。そこで，本書は理論編と実践編の二部構成とし，両編とも，岩手と秋田の研究者，実践家・実践校を中心に執筆いただいた。そして，グローバルな広がりを持つ現代的課題や，自然環境の豊かさの一方で少子高齢過疎や地域創生・災害復興などの様々な地域が抱える課題も踏まえ，多様なタイプの実践を紹介できるように編集を進めた。本書は，全国的にいかなる学校・地域においても参考にしうる内容であると考えている。

　また，巻末には，索引とともに，実践開発の際に少しでも参考になるよう，総合的学習カリキュラム開発のチェックポイントも掲げている。

　本書が，教員を目指す学生・院生，および各学校現場で活躍される教員の方々，および教育関係者の方々にとって，総合的学習の理解を深めるのみならず，わが国の教育課程改革のあり方や，自らの子ども観，学習観，指導観を捉え直し，教員としての力量を形成・発展させる契機となれば幸いである。

令和3（2021）年3月

編著者　田代高章・阿部　昇

目次

第2部　実践編

第 1 部　理論編

1章

「総合的な学習の時間」の成立経緯と
学習指導要領上の変遷

　「総合的な学習の時間」（以下，本文では「総合的学習」と略記）は，平成10・11（1998・1999）年改訂の学習指導要領において創設された。総合的学習の特徴を整理すれば，①教科横断的な体験学習を行うこと，②学習内容は子どもの興味関心や地域の実態を踏まえて学校や教師が設計すること，③体験や問題解決学習を通じて，自ら学び，自ら考え，主体的に判断する能力の育成を目指すことに集約される。すなわち，総合的学習は子どもの興味関心を軸としつつ，子どもの主体性を伸長する経験主義的な教育活動だといえる。

　日本で全国的な学校教育制度が誕生した近代以降，社会情勢に左右されつつも子どもの主体性を尊重する教育実践が積み重ねられてきた。こうした歴史的経緯をもって総合的学習が創設された。そこで，本章では，総合的学習が創設されるまでの経緯を明らかにした上で，総合的学習に込められた理念や意義，今後の課題を検討していく。

1. 戦前・戦後初期における経験主義カリキュラムの動向

a　大正新教育における教育方法改革

　明治5（1872）年の「学制」以降，日本における近代教育制度が整備され，1900年頃にはその基礎がほぼ完成された。明治23（1890）年の教育勅語の発布，明治33（1900）年の第三次小学校令に基づく義務教育制度の成立，明治36（1903）年の教科書の国定化は，天皇を中心とする国家主義教育体制を強固な

ものにした。当時の学校教育において，教育内容が統一され，一斉教授中心で知識の注入と暗記が重視された。こうした教育方法は，体制側の価値観を刷り込むのに好都合だった。

　だが，「大正デモクラシー」期には，従来の画一的かつ注入主義的な教育を批判し，子どもの個性や自発性を尊重する新しい教育思想や実践，すなわち大正新教育が広まった。「大正デモクラシー」期の日本では，人々の権利意識が高まり，既存の専制的な支配体制を批判するとともに，政治や社会の民主化，差別の克服などを求める声が高まった。他方，欧米の教育界に目を向けると，デューイ（Dewey, John；1859-1952）の『学校と社会』（1899年），ケイ（Key, Ellen Karolina Sofia；1849-1926）の『児童の世紀』（1900年）に代表されるように，子ども中心主義の新教育運動が高揚していた。大正新教育は，「大正デモクラシー」の潮流の中で，欧米の新教育運動から大きな影響を受けて進展していく。

　大正新教育の主な担い手は，私立小学校と師範学校附属小学校だった。例えば，大正6（1917）年に沢柳政太郎（1865-1927）が設立した成城小学校は，個性尊重の教育，自然と親しむ教育，心情の教育，科学的研究を基礎とする教育の4大教育目標を掲げた。カリキュラムに注目すると，修身は4年生から，理科と英語は1年生から教授し，さらには午前中の3時間を「自由選択時間」（当初の名称は「特別研究」）にあてるなど，実験的な取り組みをしたことがうかがえる。「自由選択時間」は，子ども一人ひとりが興味のあるテーマについて，教師のもとで研究する時間とされた。子どもは教師の指導のもと「学習表」を作成し，この「学習表」に基づいた形で個別学習や協同学習を行った（足立淳「成城小学校におけるドルトン・プランの本格的実践」『カリキュラム研究』第23号，2014年）。

　奈良女子高等師範学校附属小学校では，主事の木下竹次（1872-1946）が中心となり新教育を展開した。木下は従来の他律的な教育を批判し，生活の向上を図るための自律的な学習を推奨した。その一つの手段として木下は「合科学習」を導入した（図1-1参照）。「合科学習」とは「学習生活を幾部門に分類せず之を渾一体として学習する方法」であり，子どもの発達に応じて次のように

図1-1　奈良女子高等師範学校附属小学校における「大合科学習」（虫取り）
出典：文部省『目で見る教育のあゆみ──明治初年から昭和20年まで』東京美術，1967年

内容を編成した。すなわち，低学年では人生全体にわたって幅広く学習する「大合科学習」，中学年では文科・理科・技術などの範囲で合科する「中合科学習」，高学年の「小合科学習」では各教科で生活単位を定めて学習した。木下は低学年の「合科学習」を次のように描写している。

　　　……教師は最初の五・六週間は児童と共に楽しく遊ぶ位の気持で児童を野山につれ出す。二三週も経ない内に児童は目醒ましい活動を仕出す。児童は学習用具を以て郊外に出ると決して静止しては居ない。必ず種々の活動を起す。運動もすれば遊戯もする。動植物鉱物を採集し之を観察する。実物の描写・立体的工夫製作・実物の説明記述・相互の談話・数量的生活等種々の活動をする。その中に口語詩を作つて謡ふものもあれば，他人に学んだ歌を謡ふものもある。種々の道徳的関係を惹起して教師に指導されるものも出て来る。教師に質問するものもある。呼笛の一声で児童は教師を中心にして集つて来る。来るとすぐ色々に談合ふ。其の中には殆んど各教科に関することが出て来る……（木下竹次『学習原論』目黒書店，1923 年）

　大正新教育は急速に隆盛したものの，1930 年代には国家が戦時体制へ移行する過程で衰退していった。大正新教育は，その実践が一部の学校に限定され，受験で求められる系統的教育と相容れなかったことに課題があり，これらも衰退の一因だったと指摘される。さらに教育勅語が求める人間像の形成を目的とする点では旧教育と相違はなく，あくまで教育方法における改革を目指すものに留まった点に大正新教育の限界があった。とはいえ，この時期に生み出された子ども中心主義の教育実践は，戦後教育に大きな影響を与えていく。

b 戦後初期における経験主義カリキュラム

　昭和20（1945）年8月14日，日本はポツダム宣言を受諾し，無条件降伏したことにより，連合国の占領下に置かれる。ポツダム宣言は連合国の対日占領の基本方針を示したものであり，日本の非軍事化と民主化の徹底を目標とした。連合国軍最高司令官総司令部（GHQ）は教育の民主化を目指し，戦前の軍国主義的，超国家主義的思想を排除した。カリキュラムに関しては，国家神道に関わる教育や行事等を禁止し，修身と日本歴史，地理の授業を停止した点が特筆される。昭和21（1946）年11月3日に公布された日本国憲法は，第26条において「すべて国民は，法律の定めるところにより，その能力に応じて，ひとしく教育を受ける権利を有する」と規定した。この理念に基づき，昭和22（1947）年3月31日には教育基本法が制定される。教育基本法は，教育の目的を「人格の完成」と位置付けた。すなわち，教育基本法体制は戦前の教育勅語に基づく「慈恵としての教育」を否定し，教育の理念を「権利としての教育」へ大きく転換させた。

　新しい教育理念を実現するため，カリキュラムも根本的に改革された。昭和22（1947）年3月，教育課程の基準として学習指導要領（試案）が告示された。「試案」としての学習指導要領は，「新しく児童の要求と社会の要求とに応じて生まれた教科課程をどんなふうにして生かして行くかを教師自身が自分で研究して行く手びき」と位置付けられ，教育課程の作成を各学校に委ねた。この学習指導要領は，デューイが提唱する経験主義の思想に基づくものであった。教科編成の大きな特徴として，修身と日本歴史，地理に代わって社会科が誕生したことと，教科「自由研究」の新設が挙げられる。社会科の目標は，子どもに「社会生活を理解させ，その進展に力を致す態度や能力を養成する」ことを通じて，「民主主義社会の建設にふさわしい社会人」の育成（文部省『学習指導要領社会科編（I）（試案）』1947年）であり，学問の系統性にとらわれず，子どもの自発性や主体性を重視する指導法を推奨した。

　「自由研究」を新設したねらいについて，学習指導要領（試案）は，「教科の時間内では伸ばしがたい活動」について，個々の関心にしたがって学習を進展させるためだと説明する。「自由研究」の学習内容は，①教科の発展としての

自発的な学習（例えば，毛筆に関心のある子どもが書道を学ぶ），②学年を超えたクラブ活動，③当番や学級の委員の仕事からなる。例えば，成蹊小学校の「自由時間」では，子どもの「自発的な研究」を推奨するため，子どもは希望の「部属」に入り，自ら研究主題を決めて，個人あるいはグループで調査研究にあたった。「部属」は文芸部，社会部，科学部，算数部，美術部，音楽部の6部からなり，4年生から6年生の異学年集団で構成された。「部属」が教科的分類であることを踏まえると，成蹊小学校では①と②のハイブリッド型の活動を行っていたといえる。授業実態の一例を挙げれば，社会部では，敗戦後の社会問題に関する実態とその背景とを考察させた。子どもは「天皇制はなぜ悪いのですか」，「国際裁判はいつ終わりますか」などの問いを立て，校外見学や文献調査を行った。研究した内容は全体で討議し，成果を校内新聞として発行した（成蹊小学校教育研究所編『生活教育研究』第1集——自由研究と社会科の指導』小学館，1947年）。

　ところが，昭和26（1951）年に学習指導要領（試案）が改訂されると，「自由研究」は廃止される。「自由研究」のうちの②と③は「教科以外の活動」（小学校）あるいは「特別教育活動」（中学校および高等学校）に継承されたものの，①は各教科の指導が充実し，目的を果たせるようになったという理由で解消された。他方，「全国的に，殊に地方農村では芳しくなく「自由研究」はともすれば「放任時間」になりがち」だったといい，「的外れな「補習教育の時間」や「家事手伝いの時間」あるいは「野球の時間」などになり勝ちで，どこでももて余し気味だった」（『朝日新聞』1948年12月6日付朝刊）という。こうした自由研究の「消化不良」も廃止の一因だったと考えられる。

　新学制下では，各地で地域性や子どもの実態に即したカリキュラムのあり方が検討され，社会科を中心とした地域教育計画が立案，実施された。先駆的なものとして埼玉県川口市の「川口市社会科教育計画」（川口プラン）が挙げられる。川口プランは，社会科の目標を「川口の生活現実とそれが有する課題とを正しく理解し，その発展のために働く情熱的態度と，それにふさわしい知識と能力を有する実践者の育成」と定め，具体的な達成課題を表1-1のように「川口市社会科学習課題表」としてまとめた。例えば，工業地帯における小学校1

表1-1 「川口市社会科学習課題表第一（工業地帯）」（一部抜粋）

	1学年	2学年
生産	（町の工場）川口にはいろいろな工場があって沢山の人が働いている。	（い物のいろいろ）工場ではどんなものを作っているか。
消費	（たべもの）たべものにはいろいろなものがある。いろんなたべ方をする。 （きもの）自分達はどんなものを着ているか。着かた。	（八百屋）八百屋さんの店先にはどんなものが並んでいるか。家で食べる野菜は八百屋から買って来るものが多い。〔後略〕
交通通信	（のりもの）のりものにはいろいろある。どんな時に使うか。	（ゆうびんやさん）ゆうびんはどんな経路をへて家にとどけられるか。
健康	（きれいでさっぱり）からだをきれいにしてきちんとすると丈夫になる（お風呂へ入る時の注意，その他）	（お掃除）家や学校や道路をきれいにすることは皆のためになること。
保全	（おまわりさん）おまわりさんはどんなに自分達のために働いてくれるか。	（きんじょ）きんじょの人はみんな仲良く助け合っていろいろと仕事をしている。
政治	（市長さん）市には市長さんがあっていろいろと市のために働いてくれるか。	
教養娯楽	（いろいろの遊び）学校や家でみんなはどんな遊びをしているか。よい子供の遊び方。	（ラジオ）ラジオはいろいろな為になることと面白いことを与えてくれる。その利用の方法。
家庭	（うちのひとたち）うちにはどんな人がいて，どんな事をしているか。	（楽しいおうち）おうちをたのしくするためにはおうちの人達はお互に助け合っている。世の中の人もおうちのためにいろいろ働いてくれる。

出典：埼玉県教育委員会『埼玉県教育史』第6巻，1976年より作成

年生の「生産」では「町の工場」の単元を設け，地元の工場の調査を推奨した（埼玉県教育委員会『埼玉県教育史』第6巻，1976年）。

　カリキュラム改革をさらに推進したのが民間団体のコア・カリキュラム連盟だった。同連盟は教科の枠内でのみカリキュラムを検討するのではなく，教科の枠を超えたコア・カリキュラムの方法を推奨した。コア・カリキュラムは，子どもの生活上の課題を解決する学習を「中心課程」（多くの場合は社会科）とし，それを支える「周辺課程」から構成された。ところが，徐々に学力の低下が問題視されるようになると，ただ経験させるだけの「はいまわる経験主義」と批判されるようになった。こうした批判を受け，カリキュラム改革は急速に衰退していく。

2. 学習指導要領の変遷——系統主義から「ゆとり」志向へ

a 高度経済成長期の系統主義カリキュラム

　冷戦の激化に伴い，アメリカは日本を「反共の防壁」と位置付け，日本の占領政策を経済の復興に転換した。昭和 27（1952）年 4 月，サンフランシスコ平和条約が発効し，日本は主権を回復させた。この前後の時期より，占領下の教育改革が見直されるようになった。その契機となったのが昭和 26（1951）年に設置された，吉田茂首相の私的諮問機関である政令改正諮問委員会だった。同委員会の「教育制度の改革に関する答申」は，戦後の教育改革が「わが国の実情に即しないと思われるものも少なくなかった」と批判し，日本の経済成長を見据え，「わが国の国力と国情に適合し，よく教育の効果をあげ，以て，各方面に必要且つ有用な人材を多数育成し得る合理的な教育制度を確立」する必要性を唱えた。さらには，職業教育の強化を提言し，経験主義の偏重を避け，学問に基づく知識を教授する系統主義を考慮するよう求めた。一方，昭和 27（1952）年には，日本経営者団体連盟が「新教育制度の再検討に関する要望」を示し，大学における「職業乃至産業教育」の充実を訴えた。これ以降，経済界の様々な要求が教育政策の方針に大きな影響を与えていく。

　学力低下論争や教育政策の転換を背景に，学校の教育内容と教育方法も見直しを迫られることとなる。昭和 33（1958）年改訂の学習指導要領によって，教育課程の原則が従来の経験主義から系統主義へ転換する。例えば，小学校の算数は，「数量や図形に関する基礎的な概念や原理を理解させ，より進んだ数学的な考え方や処理のしかたを生み出すことができるようにする」ことを目標の一つとし，基礎的な概念や原理の理解に重点を置いた（文部省『小学校学習指導要領 昭和 33 年改訂』1958 年）。さらに，基礎学力および科学技術教育を向上させるため，国語，算数／数学，理科の指導時数を増やした。このほか，道徳教育の徹底を図るため，道徳の時間が新設された。従来は「試案」とされた学習指導要領であったが，この改訂により，法的拘束力を伴う教育課程上の国家基準と位置づけられた。

昭和35（1960）年に池田内閣が「国民所得倍増計画」を掲げ，日本は急速な経済成長を遂げていく。産業構造の高度化に伴い，地方から都市部へ労働力が集積すると，核家族化が進行した。家計が豊かになるとともに，「教育する家族」が広がりを見せ，高等学校や大学への進学率が急激に向上した。いわゆるホワイトカラーとして就職する場合，学歴が重視されるようになったことも受験競争に拍車をかけた。

　高度経済成長期の教育政策は，経済の論理が優先され，能力主義の考え方が浸透した。「国民所得倍増計画」は，「進んで将来の社会経済の高度発展を維持しつづけていくには，経済政策の一環として，人的能力の向上を図る必要がある」と，経済成長の手段として労働力の育成を教育に求めた。これに呼応するかたちで，昭和37（1962）年の教育白書『日本の成長と教育――教育の展開と経済の発達』は「人間能力をひろく開発することが，将来の経済成長を促す重要な要因」と，能力主義の考え方を確認した。その結果，子どもは偏差値に基づいて序列化されるようになり，学歴社会が確立していく。他方，世界に目を向けると，冷戦構造の中で，昭和32（1957）年にソ連が人類初の人工衛星の打ち上げに成功し，アメリカに深刻な危機感を与えた。いわゆる「スプートニク・ショック」である。これ以降，アメリカは科学技術の研究成果を教育に反映するかたちでカリキュラム改革を行った。こうした「教育の現代化」運動は，世界中で広がりを見せ，日本の教育課程にも大きな影響を与えた。

　昭和43（1968）年改訂の学習指導要領では，教育内容に現代科学や技術の成果を反映させるため，「教育の現代化」の方針が打ち出された。とりわけ，算数／数学と理科は大きな影響を受けた。例えば，小学校の算数では数学研究の知見に基づき，集合，関数，確率が導入された。こうした高度で過密な教育内容をこなすため，学校現場では「新幹線授業」と揶揄されるような詰め込み教育が実施された。当然ながら，子どもは教育内容を十分に消化できず，「七五三教育」――授業についていける子どもは小学校で7割，中学校で5割，高等学校で3割という状況――と批判された。この時期には，「落ちこぼれ」という言葉も流行する。

b　低成長期の「ゆとり」志向カリキュラム

　昭和 48（1973）年のオイルショックを契機に，日本は低成長期へ移行した。高度経済成長期は物質的な豊かさをもたらした一方，公害問題，農村の過疎化と都市部の過密化，人間関係の希薄化や学校荒廃などの問題を残した。それゆえ，低成長期の教育政策は，いかにして人間性を回復していくのかが重要な課題とされた。

　昭和 46（1971）年，中央教育審議会は「今後における学校教育の総合的な拡充整備のための基本的施策について」を答申し，生涯学習の観点から学校教育のあり方を包括的に見直すことを提言した。答申は，「今日の時代がひとりひとりの人間によりいっそう自主的，自律的に生きる力をもつことを要求しつつある」ため，教育に「自主的に充実した生活を営む能力，実践的な社会性と創造的な課題解決の能力とを備えた健康でたくましい人間」を育成する必要性を説く。これを実現するため，基礎教育の徹底を求めるとともに，教育内容の精選，「個人の特性に応じた教育方法」を求めた。一方，情報化社会や国際化社会を見据え，経済界の関心は人材の量的確保から質の重視へ転換しつつあった。それゆえ，教育に対しても「創造性の豊かな人間性」の育成を期待した（日本経済調査協議会編『新しい産業社会における人間形成』東洋経済新報社，1972 年）。後述するが，経済界は現在に至るまでの間，意欲や創造性，多様性，能動性をはじめとする全人的な諸能力の育成を教育にたびたび要求している。

　これらの提言を踏まえ，昭和 52（1977）年改訂の学習指導要領は，従来の詰め込み教育から転換し，「自ら考え正しく判断できる」子どもの育成を重視した。改訂のポイントは，人間性豊かな子どもの育成，「ゆとりのある充実した学校生活」の保障，教育内容を精選し基礎基本の充実を図ることの 3 点だった。小学校の総授業時数は 350 時間減り，浮いた時間の使い方は学校の創意工夫に委ねた。いわゆる「ゆとりの時間」が誕生する。文部省が調査した「小学校の『ゆとりの時間』活用状況」によると，マラソンや学校緑化，郷土学習などの特別な活動を実施していると回答した学校が 94%，休憩や給食の時間を増やすのに活用したと回答したのが 43% だったという（「小学校の「ゆとりの時間」活用状況──『授業時数の運用に関する調査』の結果」文部省大臣官房情報処理課

編『教育と情報』第274号，1981年）。一方，「ゆとりの時間の特設で，教師はその準備や後片付けのためいっそう忙しくなった」と，教師の負担が増したという意見も見られた。また，この改訂によって，小学校低学年は幼児教育との接続を意識し，「児童の具体的かつ総合的な活動を通して知識・技能の習得や態度・習慣の育成」のため「合科的な指導」が奨励された。この指導方針は，後の生活科につながっていく。

　昭和59（1984）年，中曽根康弘首相直属の諮問機関である臨時教育審議会（以下，臨教審）が発足した。臨教審は現代の教育政策の源流と位置付けられている。臨教審は「教育改革に関する第4次答申（最終答申）」において，「これまでの我が国の根深い病弊である画一性，硬直性，閉鎖性を打破して，個人の尊厳，個性の尊重，自由・自律，自己責任の原則，すなわち「個性重視の原則」を確立することである。この「個性重視の原則」に照らし，教育の内容，方法，制度，政策など教育の全分野について抜本的に見直していかなければならない」と，「個性重視の原則」を重視した。この答申が経済界の要求を斟酌していることは明白である。

　平成元（1989）年改訂の学習指導要領は，臨教審の答申を反映し，従来の「ゆとり」志向を継承した「新学力観」を打ち出した。「新学力観」は，「自ら学ぶ意欲をもち社会の変化に主体的に対応できる」子どもを育成するため，従来の知識や技能を重視する学力観から，子どもの意欲や興味関心を重視する学力観へ転換した。これに伴い，観点別評価項目の筆頭に「関心・意欲・態度」が新たに導入された。ただし，「関心・意欲・態度」は個人の内面に関わる領域ゆえ，一定の基準を「制度が個人に要求できる性質のものではないし，その有無・多寡を教師の側から検閲していいものでもないだろう」（本田由紀『多元化する「能力」と日本社会──ハイパー・メリトクラシー化のなかで』NTT出版，2005年）と指摘される。このほか，小学校では低学年の社会科と理科を廃止し，生活科を新設した。生活科のねらいは，「具体的な活動や体験を通して，自分と身近な社会や自然とのかかわりに関心をもち，自分自身や自分の生活について考えさせるとともに，その過程において生活上必要な習慣や技能を身に付けさせ，自立への基礎を養う」ことにあった。

3.「総合的な学習の時間」の創設と展開

a　創設の経緯

　1990 年代に入ると，情報化社会の進展と第三次産業の拡大を背景に，経済界は「創造的な人材」の育成をますます要求するようになる。例えば，経済団体連合会は平成 8 (1996) 年の「創造的な人材の育成に向けて——求められる教育改革と企業の行動」において，「社会のあらゆる分野において，主体的に行動し自己責任の観念に富んだ創造力あふれる人材が求められる」と提言した。他方，教育学の立場からも，「従来の教科の知識体系による縦割り型の学力に対して，それを横断的に総合化して課題対応型の学力」を志向する考えが提唱された。文部省主催の「教育課程に関する基礎研究協力者会議」の席上，教育学者の水原克敏は戦後のコア・カリキュラムをヒントにしながら，「『知の総合化』と『知の主体化』とが構造的に欠如しているので，これを改善するために「総合学習」の時間を設定するよう提案」したという（水原克敏ら編著『新訂 学習指導要領は国民形成の設計書——その能力観と人間像の歴史的変遷』東北大学出版会，2018 年）。

　これらの提言を受け，中央教育審議会は第 1 次答申「21 世紀を展望した我が国の教育の在り方について」において，「教育内容を厳選し，[ゆとり] のある教育課程を編成するとともに，指導方法の改善に努め，学校教育の在り方を，これまでの知識を教え込むことに偏りがちであった教育から，子供たち一人一人の個性を尊重しつつ，上述の [生きる力] をはぐくむことを重視した教育へと，その基調を転換させていくことが必要である」と強調した。答申によると，「生きる力」とは変化の激しい社会を生き抜くために必要な資質や能力であり，具体的には「自分で課題を見つけ，自ら学び，自ら考え，主体的に判断し，行動し，よりよく問題を解決する資質や能力」だという。この答申を踏まえ，平成 10・平成 11 (1998・1999) 年改訂の学習指導要領は，従来の「ゆとり」路線を徹底し，完全学校週 5 日制のもと，教育内容を 3 割削減するとともに，小学校 3 年生以上の各学年に総合的学習を創設した。

　改訂の最大の特徴として，総合的学習の創設が挙げられる。平成 10 (1998)

年の教育課程審議会答申「幼稚園，小学校，中学校，高等学校，盲学校，聾学校及び養護学校の教育課程の基準の改善について」は，総合的学習を創設した趣旨を「各学校が地域や学校の実態等に応じて創意工夫を生かして特色ある教育活動を展開できるような時間を確保すること」と「自ら学び自ら考える力などの［生きる力］は全人的な力であることを踏まえ，国際化や情報化をはじめ社会の変化に主体的に対応できる資質や能力を育成するために教科等の枠を超えた横断的・総合的な学習をより円滑に実施するための時間を確保する」ためだと説明する。すなわち，総合的学習の内容は学校の創意工夫に委ねられ，子どもの主体性や経験を尊重した教科横断的な学習として設計された。他方，同答申は学習内容の例として，「国際理解，情報，環境，福祉・健康などの横断的・総合的な課題，児童生徒の興味・関心に基づく課題，地域や学校の特色に応じた課題などについて，適宜学習課題や活動を設定して展開するようにすることが考えられる。その際，自然体験やボランティアなどの社会体験，観察・実験，見学や調査，発表や討論，ものづくりや生産活動など体験的な学習，問題解決的な学習が積極的に展開されることが望まれる」と述べる。授業時数は表1-2に示した通り，小学校の中学年が105時間，高学年は110時間とされた。中学校では70〜130時間，高等学校は105〜210時間と設定された。

　学校現場からは「総合的な学習の時間は大歓迎。詰め込み教育で創造力を養うのは難しい。生徒はいろんな体験を通して創造力を培ってくれると思う。進路についての適性や興味を見つけるのにも役立つ」「『総合的な学習』を導入することで，受験制度そのものにも変革を迫るのではないか」（『朝日新聞』1997年11月18日付朝刊）と好意的な意見がある一方で，次のような戸惑いの声も上がった。「学力を維持するのが困難。高校入試制度が根本的に変わらなければ，保護者や地域の支持を得られないのでは」「一から学習内容を築いていく必要があり，学校現場の負担が増える」（『朝日新聞』1999年6月8日付朝刊）と，学力低下への懸念や総合的学習の条件整備の不十分さが指摘された。

b 「学力低下」問題と「総合的な学習の時間」

　平成11（1999）年，経済学者の岡部恒治らの著書『分数ができない大学生

表1-2　平成10（1998）年改訂学習指導要領における小学校の授業時数

	第1学年	第2学年	第3学年	第4学年	第5学年	第6学年	計
国語	272	280	235	235	180	175	1,377
社会	—	—	70	85	90	100	345
算数	114	155	150	150	150	150	869
理科	—	—	70	90	95	95	350
生活	102	105	—	—	—	—	207
音楽	68	70	60	60	50	50	358
図画工作	68	70	60	60	50	50	358
家庭	—	—	—	—	60	55	115
体育	90	90	90	90	90	90	540
道徳	34	35	35	35	35	35	209
特別活動	34	35	35	35	35	35	209
総合的学習	—	—	105	105	110	110	430
総授業時数	782	840	910	945	945	945	5,367

出典：1998年改正「学校教育法施行規則」別表第一（第24条の2関係）より作成

——21世紀の日本が危ない』（東洋経済新報社）を契機に「学力低下」が社会問題化していく。「学力低下」問題にさらなる追い打ちをかけたのは，国際学力調査の結果だった。なかでも，経済協力開発機構（OECD）による「学習到達度調査」（PISA）の結果は教育界に大きな影響を与えた。PISAの目的は，各国の15歳を対象に義務教育を通じて知識や技能をどの程度獲得したのか，さらに，実生活の中でどの程度活用できるのかを測定することにある。PISAは「読解力」「数学的リテラシー」「科学的リテラシー」の3分野を調査対象とし，3年おきに調査を行っている。日本の「読解力」は平成12（2000）年では8位だったが，平成15（2003）年には14位まで低下した。この「PISAショック」は，「ゆとり」志向の学習指導要領に対する批判につながった。

　「学力低下」問題への一つの対応策として，文部科学省は平成15（2003）年に学習指導要領の一部を改訂した。この改訂によって，学習指導要領を超えた発展的な内容の指導が認められるようになり（いわゆる「歯止め規定」の削除），学力を重視する方針を打ち出した。一方，一部改訂は総合的学習の「一層の充実」も目指した。総合的学習は，各学校の裁量に任せられたが，それゆえに「教科との関連に十分配慮していない実態，教科の時間への転用など」と，そ

表1-3　平成20（2008）年改訂学習指導要領における小学校の授業時数

	第1学年	第2学年	第3学年	第4学年	第5学年	第6学年	計
国語	306	315	245	245	175	175	1,461
社会	—	—	70	90	100	105	365
算数	136	175	175	175	175	175	1,011
理科	—	—	90	105	105	105	405
生活	102	105	—	—	—	—	207
音楽	68	70	60	60	50	50	358
図画工作	68	70	60	60	50	50	358
家庭	—	—	—	—	60	55	115
体育	102	105	105	105	90	90	597
道徳	34	35	35	35	35	35	209
外国語活動	—	—	—	—	35	35	70
特別活動	34	35	35	35	35	35	209
総合的学習	—	—	70	70	70	70	280
総授業時数	850	910	945	980	980	980	5,645

出典：2008年改正「学校教育法施行規則」別表第一（第51条関係）より作成

の形骸化が問題視された。そこで，一部改訂では，総合的学習の「全体計画」を作成することと，図書館や博物館などの社会教育施設と連携する必要性を盛り込んだ（中央教育審議会「初等中等教育における当面の教育課程及び指導の充実・改善方策について（答申）」2003年）。

　平成20・21（2008・2009）年改訂の学習指導要領は，従前の「生きる力」の理念を継承するとともに，「学力低下」問題や「PISAショック」への対応，すなわち，各教科で基礎的・基本的な知識・技能を習得した上で，これらを活用する思考力・判断力・表現力を育成することを標榜した（中央教育審議会「幼稚園，小学校，中学校，高等学校及び特別支援学校の学習指導要領等の改善について（答申）」2008年）。この方針は授業時数に如実に反映された。前出の表1-2と表1-3とを比べると，小学校における主要5教科（国語，算数／数学，社会，理科，外国語）の授業時数が371時間増加したことがうかがえる。また，中学校の主要5教科の授業時数は360時間増加した。

　総合的学習に関しては，教科への転用という問題を残しつつも，「体験的な学習活動，教科等を横断した課題解決的な学習や探究活動に取り組むことは今

後とも重要である」とその意義があらためて確認された。そこで，改訂によって各教科等と総合的学習の役割を次のように整理した。すなわち，基礎的・基本的な知識や技能の習得とこれらを活用する学習活動は各教科等で行い，総合的学習は体験を重視しつつ「探究的な学習」を行うものとした。「探究的な学習」とは，課題の設定−情報の収集−整理・分析−まとめ・表現というプロセスが繰り返されるような「物事の本質を探って見極めようとする一連の知的営み」と定義される（文部科学省『小学校学習指導要領解説 総合的な学習の時間編 平成20年9月』2008年）。このように総合的学習の内容が明確化されたことを受け，授業時数は，小学校で150時間，中学校で20〜145時間減少した。

4.「総合的な学習の時間」の意義と課題

　本章では，戦前から模索されてきた日本の経験主義カリキュラムに焦点を当てつつ，総合的学習が創設されるまでの歴史的経緯を確認してきた。大正新教育は子どもの主体性を尊重する実験的な取り組みを行い，その教育実践は戦後教育に大きな影響を与えた。高度経済成長期に画一主義，詰め込み主義の教育が隆盛するが，低成長期には子どもの個性や創造性を尊重する「ゆとり」志向のカリキュラムに転換した。「ゆとり」志向を最も徹底したのが平成10・11（1998・1999）年改訂の学習指導要領であり，その「目玉」が総合的学習だった。国際情勢の激変や科学技術の進歩，情報化社会の進展，価値観の多様化などにより，現代は流動的で不確実な時代になりつつある。こうした時代を生き抜くため，問題解決能力を高め，様々な情報を主体的に判断できる能力の育成は重要であろう。それゆえ，総合的学習の創設は非常に意義深い。

　他方，本章の検討を通じて，総合的学習には主に次の3点の課題が残されていることが指摘できる。第一に，「生きる力」志向のカリキュラムが必ずしも教育の内在的論理だけから導き出されたわけではなく，政界や経済界などの「外」の意向を大いに反映している点である。換言すれば，「外」の意向が転じれば，「生きる力」志向のカリキュラムも再検討されるとともに，総合的学習も見直しの対象となる可能性がある。これと関わって，第二に，経験主義的な

教育活動は，授業時数の「調整弁」として使われやすい点が挙げられる。学習指導要領の変遷を確認すると，昭和22（1947）年創設の「自由研究」と昭和52（1977）年創設の「ゆとりの時間」は，短期間で廃止の憂き目にあったことがわかる。現に，総合的学習も「調整弁」として機能している。すなわち，平成20・21年改訂の学習指導要領では，「学力低下」問題に対応するために学力重視の方針を打ち出し，その影響で総合的学習の授業時数が減少した。総合的学習の意義を踏まえ，安定的な学習領域として位置付けられることが急務であろう。

そのためには，各学校が総合的学習の理念を理解した上で，地域や子どもの実態をふまえた教育活動を実施することが重要である。他方，総合的学習の条件整備が不十分ゆえ，学校現場に過度な負担を強いている点は見逃せない。これが第三の問題である。本章で述べたように，経験主義的な教育活動は学校や教師の創意工夫に委ねられる点に大きな特徴を持つ。なかでも総合的学習は，基礎的な知識や技能の習得を前提とした「探究的な学習」を通じて，思考力・判断力・表現力の「活用」を求める高度な教育活動である。それゆえ，学校現場の自助努力のみに頼らず，研修会の整備や「コーディネーター」の養成を通じた人的支援，さらには，ICT環境の整備などの物的な支援が必要である。

参考文献

・ 江藤恭二監修『新版 子どもの教育の歴史——その生活と社会背景をみつめて』名古屋大学出版会，2008年
・ 苅谷剛彦『大衆教育社会のゆくえ——学歴主義と平等神話の戦後史』中央公論新社，1995年
・ 鈴木英一『日本占領と教育改革』勁草書房，1983年
・ 中野光『大正自由教育の研究』黎明書房，1968年
・ 中村政則『戦後史』岩波書店，2005年
・ 日本生活科・総合的学習教育学会編『生活科・総合的学習事典』溪水社，2020年
・ 肥田野直，稲垣忠彦編『戦後日本の教育改革6 教育課程［総論］』東京大学出版会，1971年
・ 広田照幸『日本人のしつけは衰退したか——「教育する家族」のゆくえ』講談社，1999年
・ 水原克敏ら編著『新訂 学習指導要領は国民形成の設計書——その能力観と人間像の歴史的変遷』東北大学出版会，2018年
・ 宮原誠一ら編『資料日本現代教育史』全4巻，三省堂，1974年

2章

「総合的な学習の時間」の改訂の特色と目標・内容

　平成29・30（2017・2018）年改訂の学習指導要領では，「総合的な学習の時間（高校では「総合的な探究の時間」）」（以下，本文では「総合的学習」と略記）における「資質・能力」の整理と探究的な学習の過程がいっそう重視されることとなった。そこで，本章では，1章を踏まえ，まず平成29・30（2017・2018）年の学習指導要領改訂の全体の特色について述べる。その上で総合的学習における改訂の趣旨，特に，子どもに育む「資質・能力」の意義，そして，総合的学習の目標と内容について整理する。

1. 平成29・30（2017・2018）年学習指導要領改訂の特色

a　学習指導要領改訂の背景

　平成28（2016）年12月21日の中央教育審議会答申「幼稚園，小学校，中学校，高等学校及び特別支援学校の学習指導要領等の改善及び必要な方策等について」や，それを踏まえて平成29・30（2017・2018）年に改訂された小学校・中学校（高等学校も）の学習指導要領および同解説でも示されているように，その背景は以下のように整理できる。

　まずは，少子高齢化の進展，AIの飛躍的進化を含む高度な情報科学技術の発展，社会のグローバル化など，社会変化が激しい時代となり，将来予測が困難な時代が到来してきているという社会状況がある。

　このような，将来予測困難性，不確実性，多様性といった時代背景において，

子どもたちが社会の変化に主体的に向き合い，多様な他者と協働しながら様々な課題を解決し，積極的に行動できるようになることが求められている。

次に，自分に自信が持てないという子どもたちの存在や，学校での学びが将来社会に出たときに役立つかが分からないという子どもたちも存在するという学校の現実がある（各年度の全国学力・学習状況調査における質問紙調査等）。そこから，子どもたちが自らの存在に価値を見いだし，学校での学びが将来の社会の創造と結びつきうるという実感を伴うとともに，将来に向けての自己の生き方を試行錯誤しながら見通せるような学校教育のあり方が問われている（詳細は，中央教育審議会答申〔平成 28 年 12 月 21 日〕の補足資料参照）。

このように，自ら考え判断し，多様な他者とともに様々な情報から自分たちの将来の生き方と社会の創造に向けて，知の枠組みを再構成しながら新たな知を創造できる子どもたちを育むために，今回の学習指導要領の改訂が行われたといえる。

b 学習指導要領改訂の特色

平成 29・30（2017・2018）年改訂の学習指導要領では，これまで平成 10（1998）年から強調されてきた「生きる力（知・徳・体）」を育むという教育の理念を継承しつつ，特に，学校教育を通じて獲得した力が，将来の社会に出ても使える力として機能することを求めている。

そのために，中央教育審議会答申（平成 28 年 12 月 21 日）では，**「よりよい学校教育を通じてよりよい社会を創る」**という目標を掲げ，その目標を家庭や地域を含む社会全体で共有しながら，新しい時代に求められる「資質・能力」を子どもたちに育む**「社会に開かれた教育課程」**の実現を目指し，学習指導要領がその役割を果たすことを強調している。

「社会に開かれた教育課程」について，日常生活とつながる教科横断的な観点と，学校と社会（家庭・地域を含む）の相互連携的な観点（ヨコの広がり），および子どもたち自身の人生の創造と他者とともに生きる社会の創造のために必要な力を，幼・小・中・高などの校種をつなぐ生涯発達的な観点（タテのつながり）で教育課程を構想するという，ヨコ（スコープ）とタテ（シークエン

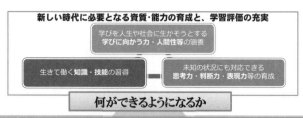

図2-1 学習指導要領改訂の考え方
出典：中央教育審議会答申「幼稚園，小学校，中学校，高等学校及び特別支援学校の学習指導要領等の改善及び必要な方策等について（答申）」【概要】（2016年12月21日）

ス）の2つの観点で教育課程を構成する必要性が含意されている。

　そして，従来の学校教育が，「何を学ぶのか」という「教育内容（コンテンツ）」に重点が置かれる傾向に対して，子どもたちが「よりよい社会と幸福な人生の創り手となる力を身に付けられるようにする」ために，特に，「何ができるようになったか」といった，子どもたちに育む「資質・能力（コンピテンシー）」（教育目的・目標）に重点が置かれることになった。

　さらに，「どのように学ぶのか」という「教育方法」に関して，「**主体的・対話的で深い学び**」を授業改善の視点とし，子どもたちに育む「資質・能力」が教育活動を通じて適切に育成されているかを評価（「学習評価」）することの重要性が指摘されている（詳細は3章，4章）。

　このように，子どもの現実の姿（子どもの実態把握）を踏まえて，「**教育目的・目標**」-「**教育内容**」-「**教育方法**」-「**学習評価**」という一連の流れで学校教育が有効に機能しているかを十分に検証しながら学校運営を進めるために

「カリキュラム・マネジメント」の観点が必要とされる（詳細は5章）。

　平成29・30（2017・2018）年改訂の学習指導要領の構造が，図2-1である。

　これらの学習指導要領の改訂事項は，以下のように整理できる。

① **「社会に開かれた教育課程」**の実現

② 「何ができるようになるか」（育成を目指す**「資質・能力」**）：教育目標の明確化

③ 「何を学ぶか」（教科等を学ぶ意義：**「見方・考え方」**，教科等間・学校段階間のつながりを踏まえた教育課程編成）：教育内容の構想

④ 「どのように学ぶか」（**主体的・対話的で深い学び**の視点による授業改善）：教育方法の工夫

⑤ 「子ども一人一人の発達をどのように支援するか」（子どもの発達を踏まえた指導）：子ども理解・子どもの実態把握に基づく指導

⑥ 「何が身に付いたか」（**学習評価**の充実）

⑦ 「実施するために何が必要か」（必要な方策，学校体制の組織化）：**「カリキュラム・マネジメント」**

c　学習指導要領改訂（平成29〔2017年〕）における「総合的な学習の時間」の特色

　総合的学習の改訂の特色は，学習指導要領解説によれば，以下の8つ。

① 「資質・能力」の三つの柱に即した総合的学習の目標の明確化。

② 教科等横断的なカリキュラム・マネジメントの軸となるよう，各学校における教育目標を踏まえて，各学校独自に総合的学習の目標を設定する。

③ 目標として，「探究的な見方・考え方」を働かせる。

④ 探究的な学習の過程（課題の設定−情報の収集−整理・分析−まとめ・表現をいっそう重視する（「主体的・対話的で深い学び」の視点による授業改善）。

⑤ 探究的な学習の中で，各教科等で育成する「資質・能力」を相互に関連付け，実社会・実生活の中で総合的に活用できるようにする。

⑥ 全ての学習の基盤となる「資質・能力」を育成するため，課題を探究する中で，協働して課題を解決しようとする学習活動や，言語により分析し，まとめたり表現したりする学習活動（比較・分類・関連付けなどの「考える

ための技法」の活用），情報を収集・整理・発信する学習活動（情報手段の基本的な操作を習得し，情報や情報手段を主体的に選択，活用できるようにする）が行われるようにする。

⑦ 体験活動や地域の教材や学習環境を積極的に取り入れることは引き続き重視する。

⑧ プログラミングを体験しながら論理的思考力を身に付ける学習活動を行う場合には，探究的な学習の過程に適切に位置付くようにする。

特に，総合的学習によって子どもたちにどのような力が付くのか，その目標としての「資質・能力」を明確にすること，「考えるための技法」（シンキングツールの活用〔3章で述べる〕）や ICT 活用を含め，問題解決的な探究学習のプロセスをよりいっそう重視することが，あらためて強調されている。

2. 学習指導要領における目標の位置付け：「資質・能力」

a「資質・能力」が強調される背景

総合的学習も含めて，今回の学習指導要領改訂において，「資質・能力」の明確化が強調された背景には，平成 20（2008）年の学習指導要領改訂にも大きな影響を与えた，OECD（経済協力開発機構）の提起した**「キー・コンピテンシー」**がある。「キー・コンピテンシー」は，1997 年から 2003 年にかけて，OECD の「コンピテンシーの定義と選択」（DeSeCo）プロジェクトにおいて議論され，これからの社会で人々が活動する際に求められる主要な汎用的能力のことを意味する。「コンピテンシー」とは，「特定の状況の中で，心理的・社会的な資源（技能や態度を含む）を引き出し，活用することにより複雑なニーズに応じる能力」と定義される。その目標は，個人の成功と良好な社会の発展にある。

「キー・コンピテンシー」は，具体的に以下の 3 つで構成される（図 2-2）。

ⅰ）相互作用的に道具を用いる。

ⅱ）異質な集団で交流する。

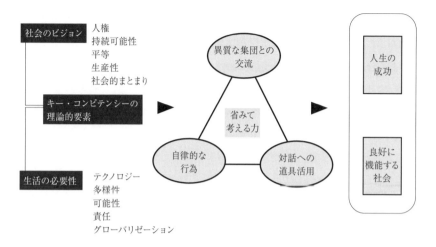

図2-2 「キー・コンピテンシー」全体の構造
出典：ライチェン，サルガニク編『キー・コンピテンシー──国際標準の学力をめざして』明石書店，2006年

ⅲ）自律的に活動する。

　前記のⅰ）に関わるコンピテンシー，すなわち言語，テキスト，知識，情報，技術等をツール（道具）として，それらを相互に駆使しながら様々な問題解決できる力が「リテラシー」とされる。その中から，読解，数学・科学（理科）の3つのリテラシーについて，その到達度を，15歳の子どもたちについて国際的に調査したのがOECDの**PISA調査**である。

　これからの社会においてどのような「資質・能力」を子どもたちに育成すべきか，これまでも国内外で様々な議論が行われてきた。OECDの他に，例えば，アメリカの「21世紀型スキル」（ATC21Sプロジェクト，2012年），わが国での「人間力」（内閣府：人間力戦略研究会，2003年），「社会人基礎力」（経済産業省，2006年），「21世紀型能力」（国立教育政策研究所，2014年）などがある。

　これらに共通しているのは，教育の内容も大切であるが，国際社会においては，個人の人生の成功とよりよい社会の発展のために，何よりも，教育を通じて育む「資質・能力」（目標）を明確にする必要があるという点である。

　そのため，平成29年の学習指導要領改訂に際して，学習対象として「何を学ぶか」（コンテンツ）中心ではなく，まず学習の目指すべき目標として「何がで

きるようになるか」（コンピテンシー）重視の教育への転換が強調されたのである。

b　平成29年の学習指導要領改訂における「資質・能力」の三つの柱

　平成29年改訂の学習指導要領では，学習活動を通して，子どもたちにどのような力（「資質・能力」＝コンピテンシー）が形成されるのか，その見通しを明確にする（目標を明示）ことが重視されている。

　この「何ができるようになるか」（「資質・能力」：教育目標）の強調は，各教科等すべて（総合的学習も含めて）に当てはまる。

　そして，子どもに育む「資質・能力」を明確にすることは，各学校における有効なカリキュラムの策定・実施・評価・改善という営み（いわゆる「カリキュラム・マネジメント」）において，各学校，各教員・学校関係者（学習の主体である児童・生徒も含む）が，当然に意識しなければならない点である。

　「資質・能力」全体の考え方として，学習指導要領総則では次の3つを挙げる。

1)　**全ての学習の基盤となる資質・能力**（例：言語能力，情報活用能力，問題発見・解決能力等）

2)　**現代的な諸課題に対応して求められる資質・能力**（例：健康・安全・食に関わる課題を通して形成される力，主権者として求められる力，地域や社会における産業の役割を理解し地域創生等に生かす力，自然環境や資源の有限性等の中で持続可能な社会を作る力等）

3)　**各教科等において育む資質・能力**（学習指導要領における各教科の目標に明記される資質・能力）

　さらに学習指導要領では，「資質・能力」の要素として，以下の**「資質・能力の三つの柱」**を掲げ，各教科等の目標・内容を再整理している（図2-3）。

　資質・能力の三つの柱

　ア）知識・技能

　イ）思考力・判断力・表現力等

　ウ）学びに向かう力・人間性等

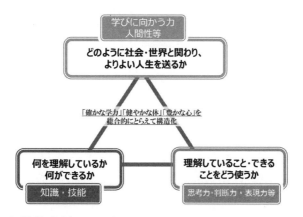

図2-3 育成すべき「資質・能力」の三つの柱
出典：中央教育審議会答申「幼稚園，小学校，中学校，高等学校及び特別支援学校の学習指導要領の改善及び必要な方策等について（答申）」補足資料（2016年12月21日）

3.「総合的な学習の時間」の目標と内容

a 「総合的な学習の時間」の目標

　平成29（2017）年学習指導要領改訂において，総合的学習の目標も，「資質・能力」の三つの柱に即して再整理された。

　学習指導要領に明記する総合的学習の目標は，以下の通りである。

第１目標

　探究的な見方・考え方を働かせ，横断的・総合的な学習を行うことを通して，よりよく課題を解決し，自己の生き方を考えていくための**資質・能力**を次のとおり育成することを目指す。

(1) 探究的な学習の過程において，課題の解決に必要な知識及び技能を身に付け，課題に関わる概念を形成し，探究的な学習のよさを理解するようにする。

(2) 実社会や実生活の中から問いを見いだし，自分で課題を立て，情報を集め，整理・分析して，まとめ・表現することができるようにする。

---

(3) 探究的な学習に主体的・協働的に取り組むとともに，互いのよさを生かしながら，積極的に社会に参画しようとする態度を養う。

（下線・強調は筆者）

　これは，学習指導要領に明記された，総合的学習の一般的な目標である。

　この「第1の目標」は，大きく分けて，前段の本文は，総合的学習の特質を踏まえた学習過程のあり方を示しており，後段の (1) (2) (3) は，総合的学習で育成を目指す「資質・能力」であり，「資質・能力」の三つの柱，すなわち，「知識・技能」，「思考力，判断力，表現力等」，「学びに向かう力・人間性等」のそれぞれに対応する。

　ここでのポイントは，まず，「探究的な見方・考え方を働かせ，横断的・総合的な学習を行うこと」とあるように，教科横断的な探究課題を解決するために，探究的な学習のプロセス（課題設定－情報収集－整理・分析－まとめ・表現）を重視する点である。そして，特に**「探究的な見方・考え方」**を働かせることを強調している。

　今回の学習指導要領で強調される**「見方・考え方」**とは，「どのような視点で物事を捉え，どのような考え方で思考していくのか」という，その教科等ならではの物事を捉える視点や考え方である。そして，「見方・考え方」は，学習指導要領解説「総則編」では，「主体的・対話的で深い学び」における「深い学び」を実現する鍵であるとされる。学習指導要領解説によれば，総合的学習における**「探究的な見方・考え方」**とは，**「各教科等における見方・考え方を総合的に活用するとともに，広範な事象を多様な角度から俯瞰して捉え，実社会・実生活の課題を探究し，自己の生き方を問い続けること」**とされる。

　また，総合的学習は，単に課題解決のために知識を増やしたり，情報収集・調査活動だけ行えばよいというものではない。課題解決のための探究学習を通して，自分に何ができるか，誰に対してどのように行動を起こすかを考え，発達に応じて自分なりに行動できるようになることを目指している。つまり，総合的学習では，探究を通した課題解決を通じて，自分の進路や将来の職業選択も含めて，自分の生き方や社会のあり方を模索し，その実現のために目標を持

ち，計画を立て，実践し行動できるようになることまで目指している。

b 各学校で定める「総合的な学習の時間」の目標

　学習指導要領で明記された総合的学習の目標（いわゆる，「第1の目標」）を踏まえ，さらに学習指導要領では，各学校が独自に総合的学習の目標（いわゆる，「各学校において定める目標」）を定めることを求めている。つまり，「第1の目標」で示された，資質・能力の三つの柱に即した総合的学習全体の目標との整合性を図りつつ，各学校における教育目標も踏まえながら，各学校が学校独自の総合的学習の目標を設定することになる。

第2　各学校において定める目標及び内容

1 目標

　　各学校においては，第1の目標を踏まえ，各学校の総合的な学習の時間の目標を定める。

2 内容

　　各学校においては，第1の目標を踏まえ，各学校の総合的な学習の時間の内容を定める。

3 各学校において定める目標及び内容の取扱い

　　各学校において定める目標及び内容の設定に当たっては，次の事項に配慮するものとする。

　(1) 各学校において定める目標については，各学校における教育目標を踏まえ，総合的な学習の時間を通して育成を目指す資質・能力を示すこと。

　(2) 各学校において定める目標及び内容については，他教科等の目標及び内容との違いに留意しつつ，他教科等で育成を目指す資質・能力との関連を重視すること。

　(3) 各学校において定める目標及び内容については，日常生活や社会との関わりを重視すること。

　(4) 各学校において定める内容については，**目標を実現するにふさ**

わしい探究課題，探究課題の解決を通して育成を目指す具体的な資質・能力を示すこと。

(5) 目標を実現するにふさわしい探究課題については，学校の実態に応じて，例えば，国際理解，情報，環境，福祉・健康などの現代的な諸課題に対応する横断的・総合的な課題，地域の人々の暮らし，伝統と文化など地域や学校の特色に応じた課題，児童の興味・関心に基づく課題などを踏まえて設定すること。

(6) 探究課題の解決を通して育成を目指す具体的な資質・能力については，次の事項に配慮すること。

ア　知識及び技能については，他教科等及び総合的な学習の時間で習得する知識及び技能が相互に関連付けられ，社会の中で生きて働くものとして形成されるようにすること。

イ　思考力，判断力，表現力等については，課題の設定，情報の収集，整理・分析，まとめ・表現などの探究的な学習の過程において発揮され，未知の状況において活用できるものとして身に付けられるようにすること。

ウ　学びに向かう力，人間性等については，自分自身に関すること及び他者や社会との関わりに関することの両方の視点を踏まえること。

(7) 目標を実現するにふさわしい探究課題及び探究課題の解決を通して育成を目指す具体的な資質・能力については，教科等を越えた全ての学習の基盤となる資質・能力が育まれ，活用されるものとなるよう配慮すること。

（下線・強調は筆者）

　各学校が設定する目標においては，その学校が総合的学習で育成することを目指す「資質・能力」が具体的に示されなければならない。その際，「第1の目標」で示す，資質・能力の三つの柱に即して資質・能力が設定されなければならない。その際，前述の（2）のように，他教科等で育成を目指す資質・能

力との関連を重視するとともに，前述の（7）にあるように，「全ての学習の基盤となる資質・能力」，すなわち，「言語能力」「情報活用能力」「問題発見・解決能力」等が，総合的学習の探究課題の解決活動を通して育まれ，活用されることが特に望まれている。

これについて，例えば，小学校学習指導要領解説の総合的学習編によれば，「言語能力」とは，言語に関わる知識及び技能や態度等を基盤に，「創造的思考とそれを支える論理的思考」「感性・情緒」「他者とのコミュニケーション」の三つの側面の力を働かせて，情報を理解したり文章や発話により表現したりする資質・能力のこととされる。また，「情報活用能力」とは，世の中の様々な事象を情報とその結び付きとして捉えて把握し，情報及び情報技術を適切かつ効果的に活用して，問題を発見・解決したり自分の考えを形成したりしていくために必要な資質・能力のこととされる。これらの能力は，探究的な学習を進める上でも重要な資質・能力と考えられる。

それらの「資質・能力」全体は，日常生活や社会全般に関わる教科横断的で現代的な課題について，児童・生徒が主体的・協同的かつ探究的に解決していく総合的学習でこそ統一的に育成されるのにふさわしい。それらの目標（資質・能力）及び内容の全体構造のイメージは次の通りである（図2-4）。

c 各学校で定める「総合的な学習の時間」の内容

先の「3. 目標」と関わって，学習指導要領上に明記された「内容」について，学習指導要領では，次の二つが記されている。

一つは，「目標を実現するにふさわしい探究課題」であり，もう一つは，「探究課題の解決を通して育成を目指す具体的な資質・能力」である。

前者は，いわゆる「学習対象」としての内容である。それに対して，後者は，育成を目指す「具体的な資質・能力」であり，各学校で育成が目指される具体的な目標としての資質・能力のことである。学習指導要領では，その両方を，総合的学習の各学校の全体計画の策定に際して，総合的学習の「内容」として明記することを求めている。

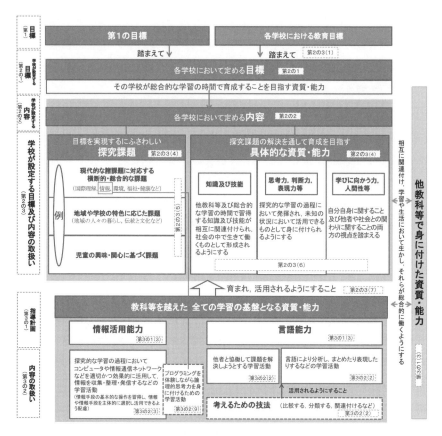

図2-4　総合的学習の構造イメージ
出典：文部科学省『小学校学習指導要領（平成29年告示）解説　総合的な学習の時間編』

1)「目標を実現するにふさわしい**探究課題**」について

　これまでの総合的学習における探究課題は，次の３つ，すなわち，①横断的・総合的な課題（現代的な諸課題），②地域や学校の特色に応じた課題，③児童・生徒の興味・関心に基づく課題，を例示してきた。これについては，現在の学習指導要領でも同様に示されている（図2-5）。

　特に，現代的な諸課題に関しては，国際理解，環境，福祉・健康，情報といった課題の他に，資源エネルギー，防災・安全，食のあり方，人権，金融・消費者，主権者等に関わる課題が考えられる。また，現在では，**SDGs**

（Sustainable Development Goals）として，「誰一人取り残さない（leave no one behind）」持続可能でよりよい社会の実現を目指す世界共通の目標である「持続可能な開発目標」を17ほど掲げ（2015年の国連サミットにおいて，2030年を達成年限として掲げられた），その17の目標に関わる課題も，総合的学習における探究課題として想定できる。

また，地域の特色に応じた課題では，子どもたちが現実に生きる地域社会や日常生活と連動して，子ども

三つの課題	探究課題の例
横断的・総合的な課題（現代的な諸課題）	地域に暮らす外国人とその人たちが大切にしている文化や価値観（国際理解）
	情報化の進展とそれに伴う日常生活や社会の変化（情報）
	身近な自然環境とそこに起きている環境問題（環境）
	身の回りの高齢者とその暮らしを支援する仕組みや人々（福祉）
	毎日の健康な生活とストレスのある社会（健康）
	自分たちの消費生活と資源やエネルギーの問題（資源エネルギー）
	安心・安全な町づくりへの地域の取組と支援する人々（安全）
	食をめぐる問題とそれに関わる地域の農業や生産者（食）
	科学技術の進歩と自分たちの暮らしの変化（科学技術）
	など
地域や学校の特色に応じた課題	町づくりや地域活性化のために取り組んでいる人々や組織（町づくり）
	地域の伝統や文化とその継承に力を注ぐ人々（伝統文化）
	商店街の再生に向けて努力する人々と地域社会（地域経済）
	防災のための安全な町づくりとその取組（防災）
	など
児童の興味・関心に基づく課題	実社会で働く人々の姿と自己の将来（キャリア）
	ものづくりの面白さや工夫と生活の発展（ものづくり）
	生命現象の神秘や不思議さと，そのすばらしさ（生命）
	など

図2-5　小学校学習指導要領における探究課題の例
出典：文部科学省『小学校学習指導要領（平成29年告示）解説　総合的な学習の時間編』

にとってイメージしやすく，自分たちの生き方にもリアリティをもってつながる探究学習を展開しやすい。

一例として，岩手県盛岡市立生出小学校（全校児童36名の小規模校）の取組がある。同校は，盛岡市北部の岩手山麓に位置し，石川啄木のふるさと渋民に隣接する下田地区にある学校であり，子どもたちのふるさと「生出」を学習素材とした地域探究型総合的学習を展開している。2020年度の小学校5・6年（複式学級）の総合的学習では，年度当初，地域に空き家が多いという子どもたちの気付きを発端に，盛岡市の「空き家バンク」制度を学びつつ，少子高齢化に人口減少が進むふるさとの現状を考え，「ふるさとの活性化を実現する」という目標を設定している。そして，「地域の活性化を図るために自分たちにできることは何か」を探究課題とした探究活動に取り組んでいる。地域の方々や関係者に電話インタビュー・直接インタビューやFAX等の聞き取り調査，

図2-6　地域マップへの課題明示

図2-7　具体的な課題の分類（いずれも筆者撮影）

アンケート調査，フィールドワークによる実体験を通じて，まずは，「人口減少と空き家問題」「旅館・店舗の減少とその対策」学区に隣接する陸上自衛隊岩手山演習場の訓練に伴う「騒音問題と住環境整備」を地域課題とした。そして，多様な収集情報をもとに子どもたちなりに解決対応策を考えながら，自分たちのふるさとへの思いと今後の自分たちの生き方を深める探究学習を展開している（図2-6・2-7参照）。

　この探究学習による子どもたちの課題解決としての地域への提言は，全校児童および保護者・地域の方々・調査に関わった方々に対して，年末の総合的学習発表会で披露され，その成果は地域の交流施設でも公開掲示され，成果をまとめた資料を地域の方々にも配布している。この生出小の実践は，8章の実践事例に関わる，地域課題解決型（まちづくり関連）の総合的学習に該当する実践である。

2)「探究課題の解決を通して育成を目指す具体的な資質・能力」

　探究課題の解決を通して，子どもたちが「何ができるようになるか」を，資質・能力の三つの柱に即して，各学校が具体的に明示することが求められる。

　これまで学習指導要領で「内容」というと，1)の探究課題の例示のように，「学習対象」「学習素材」というイメージが強かった。しかし，今回の学習指導要領は，「学習内容」（いわゆるコンテンツ）のみを目標と切り離して示すのではなく，育成を目指す目標としての「資質・能力」（いわゆるコンピテンシー）

につながる「学習内容」という意識を明確にするため，「育成を目指す具体的な資質・能力」という学習目標と，「目標を実現するにふさわしい探究課題」という「学習対象」をセットで総合的学習の全体計画において明記すべき「内容」として示している。このような記載の仕方の背景には，これまでの総合的学習においては，何のための活動か，何のための探究課題かが明確に意識されず（つまり，どのような資質・能力の育成につながる活動・探究課題かのつながりが不明確であった），いわゆる「活動あって学びなし」という状況への反省が込められている。

　なお，全体計画にも関わるが，総合的学習の目標と，そこで扱う内容，さらに学習活動との関係は，次の通りである（図2-8）。

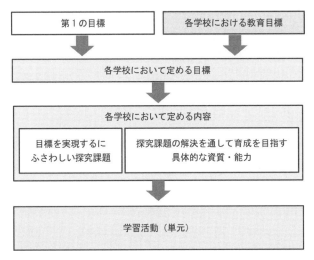

図2-8　目標と内容と学習活動の関係
出典：文部科学省『小学校学習指導要領（平成29年告示）解説　総合的な学習の時間編』

d　まとめ

　総合的学習では，学習指導要領を踏まえつつ，各学校が独自の総合的学習の目標（資質・能力）を，教科間の関連や将来の子どもの発達を見通しながら明確に定めること，また，各学校において，総合的学習の内容として探究課題を明確にし，その探究課題の解決を通して形成される資質・能力を具体的に明示

することが必要となる。

　何のための総合的学習か，総合的学習を通して将来に向けて子どもにどのような力（資質・能力）が形成されるのか，子どもの実態や地域の実情に即して，各学校が，独自に目標と，日常生活や社会との関わりを重視しつつその目標の実現にふさわしい独自の内容（探究課題）を設定することこそ，総合的学習の実践を有効に機能させる必要条件といえるであろう。

参考文献

・安彦忠彦『「コンピテンシー・ベース」を超える授業づくり——人格形成を見すえた能力育成をめざして』図書文化，2014年
・国立教育政策研究所編『資質・能力［理論編］』東洋館出版社，2016年
・田中治彦他編『SDGsカリキュラムの創造——ESDから広がる持続可能な未来』学文社，2019年
・ドミニク・S・ライチェン，ローラ・H・サルガニク編，立田慶裕監訳『キー・コンピテンシー——国際標準の学力をめざして』明石書店，2006年
・松下佳代編『〈新しい能力〉は教育を変えるか——学力・リテラシー・コンピテンシー』ミネルヴァ書房，2010年
・文部科学省『今，求められる力を高める総合的な学習の時間の展開』（小学校編）（中学校編），2011年
・文部科学省『小学校学習指導要領（平成29年告示）解説　総合的な学習の時間編』，2018年
・文部科学省『中学校学習指導要領（平成29年告示）解説　総合的な学習の時間編』，2019年

3章

「総合的な学習の時間」の学習指導

1. はじめに

　「総合的な学習の時間」（以下，本文では「総合的学習」と略記）は，子どもの発想を大切にしながら，主体的，創造的な学習活動が展開されるという，教師としてもワクワクする領域である。そしてその指導にあたっては，『学習指導要領解説　総合的な学習の時間編』（以下，「解説」）の中で，丁寧にそのポイントが示されている。その一方で，「解説」（p.108）においては，「児童の主体性を重視するということは，教師が児童の学習に対して積極的に関わらないということを意味するものではない」とクギを刺しているように，子どもの主体性を大切にすることは，子どもが好きなように取り組んでいるのを放置，放任することではなく，むしろ，教師が一人ひとりの子どもの学びをよく見取り，支援していくことが求められている。

　こうした総合的学習をいっそう魅力的なものにしていくための学習指導について，本章では次の4つの観点から考えていきたい。

　1つ目は，探究的な学習活動を進めていく上でのポイントである。これについては，主に「解説」に示された内容に沿いながら，ポイントをおさえていきたい。2つ目は，学習指導の中でも特に，子どもたちが情報を整理したり分析したりする場面を取り上げ，思考ツールやICTの活用について考えたい。3つ目は，学習活動の省察についてである。学習活動における省察や振り返りの

重要性については，すでにあらゆる教科・領域の中で指摘されているところで，総合的学習においても例外ではない。あらためて子どもたちが学習活動を省察することの意義について考えたい。最後に4つ目として，教師の指導性について検討したい。先に述べたように，総合的学習が子どもの主体性を尊重しながら進んでいく学習活動であり，その中で教師が適切に指導性を発揮していくとは，どのような在り方なのだろうか。ここでは教師が「出る」と「待つ」という捉え方で提案したい。

2. 探究的な学習活動を進めるポイント

　総合的学習では，教科等の枠を超えた「横断的・総合的な学習」や「探究的な学習」，「協働的な学習」が重視されている。また，探究的な学習を実現するためのプロセスとして，「①課題の設定→②情報の収集→③整理・分析→④まとめ・表現」が明示されており，そういった学習活動を「発展的に」繰り返していくことが重視されている（図3-1）。

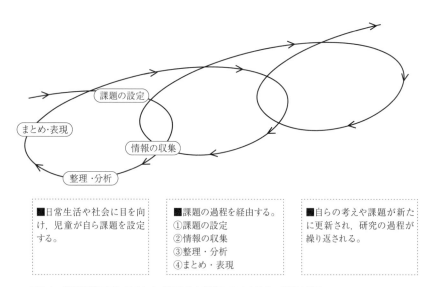

図3-1　学習指導要領に示された「探究的な学習における児童の学習の姿」
出典：文部科学省（2008）『小学校学習指導要領解説　総合的な学習の時間編（平成20年8月）』，p.16

まずはこの探究的な学習のプロセスに焦点を当てて，学習指導のポイントを確認することとしたい。このポイントについては，「解説」の中で丁寧に説明されている。探究的な学習においては，児童が問題解決的な活動を繰り返し，自らの考えを更新していく姿が想定されている。「課題の設定」→「情報の収集」→「整理・分析」→「まとめ・表現」の４つのステップに沿って，それぞれにおける具体的な学習指導のポイントについておさえていきたい。

a　課題の設定

　「解説」では，課題設定において，学習対象との関わり方や出会わせ方に工夫が必要とし，「これまでの児童の考えとの「ずれ」や「隔たり」を感じさせたり，対象への「憧れ」や「可能性」を感じさせたりする工夫をしなくてはならない」としている。その前提として，「事前に児童の発達や興味・関心を適切に把握」することも指摘されている。つまり，子どもたちが「あれ?」「なぜ?」「どういうこと?」と問いたくなるような，そのような学習課題を提示することが必要である。

　子どもたちの中に問いたいことが湧いてくるのを待つことも重要であるが，待っているばかりでは進まない。パッと見付けられない子どもたちには，教師から何らかの提案をすることも選択肢の一つである。では，そのような学習課題の提案を適切に行うためには，何が重要になるのだろうか。１つは，教師による，日常的な子どもの見取りが重要である。個々の子どもがどんなことに関心や興味を持っているのか，きめ細かな日常の見取りが基盤となる。当たり前のようなことかもしれないが，日々の子どもの様子の見取りが，授業づくりにつながっていく。

　もう１つは，取り上げる教材の面からのアプローチである。言い換えれば，総合的学習で取り上げる教材についての「日常的な探索の重要性」である。これについては，「素材の教材化」という視点が参考になる（益子，2014年）。教師は「授業で使う教材を探す」というベクトルで教材を探索するだけでなく，日常生活の中から「この素材は，総合の教材として使えそうだな」というベクトルの思考もしている，というわけである。後者のベクトルの思考は，「この

素材は，あの子が興味を持ちそうだな」という個々の子どもの興味・関心ともつながっている。このような「素材の教材化」という視点を持っておくことで，個々の子どもの興味・関心に応じた課題設定が可能になる。

b　情報の収集

「解説」では，「体験を通した感覚的な情報の収集が大切」と説明されているが，これはどのようなことを指しているのであろうか。言い換えるとすれば，「体験を通さないでも収集できる情報に頼りすぎない」といえるのではなかろうか。

例えば，総合的学習の授業として，川の汚染について調査しようとする場合，そうした調査や記録はインターネット等を用いれば検索できるし，多くの情報が容易に収集できるだろう。そういった情報収集も重要ではあるが，子どもたちの感覚を通った，実感を伴った情報であるとはいえない。もし，それらの情報が子どもたちの体験や感覚を通したものであれば，その後の整理・分析，まとめ・表現によい影響を及ぼすのではなかろうか。

今後ますます，ICTを活用した学習活動が重要となることは前提としつつ，ここで例として挙げた川の汚染について調べようとするならば，インターネット等を通じて情報を集めるだけでなく，校区内の川を実際に見に行くことによって，川の汚れや捨てられたゴミの現状について，感覚を伴った情報を得られる。川はどんな匂いがしたか，どんな色になっていたか，そしてそれらを通じてどんなことを感じたか。「きたない！」「くさい！」「こんなゴミが川に捨てられているなんて！」といった，感情を伴う情報収集は，子どもたちの課題意識に大きな影響を及ぼす。

実はこのエピソードは，総合的学習の導入期に実践された，小学校における総合的学習を筆者が拝見したときのものである（細川，2000）。地域住民に向けた新聞づくりに向けて，グループごとの取材活動が行われる中，男子児童10名のグループが，川の汚れやゴミの実態をテーマに記事を書こうとした。取材として彼らは，校区内の川に実態調査に出かけた。最初は虫取り網を持って遊び半分のようにも見えたのだが，汚れた川の現状を目の当たりにして，先ほど

列挙したような声が，子どもたちから挙がったのである。

　子どもたちの感じとったことが，その後の新聞記事の作成において，その内容だけでなく，その文体にも表れていたことが印象に残っている。

　ICT を活用した学習活動の重要性の高まりは，同時に，直接的体験，感覚を通した体験の大切さを私たちに迫っていると思える。

c　整理・分析

　探究のプロセスにおける「整理・分析」を行っていく上で，ツールを活用することも提案されている。前述したように，昨今では ICT を活用することはもちろんのこと，「思考ツール（シンキングツール）」をいかに活用するかということにも注目が集まっている。これに関しては，いくつかの小学校の取り組みが紹介されており（関西大学初等部，2012；新潟大学附属新潟小学校，2017），あらためて別項目で取り上げることとする。

d　まとめ・表現

　まとめ・表現のステップのポイントとして指摘されていることは，「相手意識や目的意識を明確にしてまとめたり，表現したりすること」，「まとめたり表現したりすることが，情報を再構成し，自分自身の考えや新たな課題を自覚することにつながるということ」「伝えるための具体的な方法を身に付けるとともに，それを目的に応じて選択して使えるようにすること」である。これらのポイントは，進めてきた探究的な学習の成果を表現し，伝えるという点で重要なものであるが，難しいのは，子どもたちにどのようにして相手意識や目的意識を持たせるか，という点である。

　このことは，「a　課題設定」のステップと表裏一体になっている。課題の提示においては，「あれ?」「なぜ?」「どういうこと?」と問いたくなるような，そのような学習課題を子どもに提示することが重要だと述べた。そこで設定した問いや課題に対して，自分たちなりの解を見いだしたことを，伝えたい，伝える必要性がある，という感覚を，子どもたちに持ってもらいたい。逆に考えると，探究活動の成果をまとめ，それを誰に伝えるか，何のために伝えるかと

いうことについて，学習活動の序盤から少しずつ，子どもたちに自覚的になってもらうことが重要である。おそらく相手意識や目的意識といったものは，急には醸成されないものであろう。

　また，相手意識や目的意識は，総合的学習が社会とつながりを持つということも鍵になる。興味のあること，関心のあることを「頑張って調べました」というレベルにとどまらず，その成果が，学校外の人々，地域の人々，社会にどのような意味を持つのか，自覚することにつながる。

3. 思考ツール（シンキングツール）の活用

a　思考スキルを育む思考ツール

　この節では，探究学習のプロセスの中でも「整理・分析」の段階を取り上げ，そこで活用する「思考ツール（シンキングツール）」について考える。

　関西大学初等部（2012）では，思考スキルの育成を重視し，その獲得を目指す指導について模索する中で，思考スキルを選択し組み合わせて課題解決していく力を育成するという目的に基づく学習を「ミューズ学習」と名付けた。この「ミューズ学習」において「シンキングツール」を活用している。シンキングツールとは，「頭の中の情報を書き込むための図形の枠組み」であり，「頭の中にあるイメージや情報を外に出すことを促し，視覚化されたものの関係性も見つけやすくして」くれるものとしている。具体的には図3-2に示した6つの思考に対応したツールである。

　これらのツールは，子どもたちの科学的思考を促す上で有効であり，総合的な学習の時間に限らず，今次の学習指導要領において学力の一つの柱になっている「思考力，判断力，表現力等」の伸張に寄与するものと考える。「よく考えなさい」とただ指導するだけでなく，思考という頭の中で行われていると捉えられていることを，子どもが理解しやすい，視覚化されたものとして表現すること，また，思考するとはどういうことかという基礎的なことから身に付けていくことは，中学校，高等学校と進んでいく中で，その後の探究活動に役立つものと思われる。

■ミューズ学習で使用するシンキングツール

	シンキングツール	活用法
比較する		・異なる2つの事柄の共通点を円の重なった部分に、相違点を重ならない部分に書き込む。
分類する		・多くの情報を複数の視点に分類する際に使用する。1年～3年生までは、YチャートやXチャートを使用し、3年生の後半からはKJ法も組み合わせて使用する。また、4年生以上では意味や目的に応じた分類をする。さらに、6年生では分類したものを体系的に捉えさせるためにロジックツリーを使用する。
多面的にみる		・1・2年生はくま手図を使用する。ある事象を複数の視点で意識して、自分の考えをもたせる場合に使用する。・3年生以上はボーン図を使用する。左側に自分の考えを書き、その理由や理由の根拠を右側の骨の部分に書きます。理由の根拠には、調べた事実等を情報源を明らかにして書かせるようにする。
関連づける		・情報がたくさん集まった段階で、自分の考えを整理する際に利用できる。ある事柄に関するキーワードを6つ付箋に書く。この数は発達段階によっても異なる。そのキーワード間のつながりを見つけ、ことばを書き加える。そして、全体から見えてきたことを自分の考えとしてまとめる。
構造化する		・自分の考えを組み立てる際に使用。1・2年生は「なぜなぜシート」、3年生以上はピラミッドチャートを使う。1・2年生では、自分の考えの裏づけになる理由を意識させる。「○○だと思います。なぜならば～」という話形を図式化すると「なぜなぜシート」に変換できる。3年生以上では、複数の事実から共通の性質を見つけ、そこから自分の主張を考えさせる。
評価する		・一つの事象を複数の視点から分析するときに使用する。活動の振り返りに利用するのも効果的である。全学年で使用するが、PMIのプラス(PLUS)、マイナス(MINUS)、興味(INTEREST)という視点については、文脈に応じて柔軟に変更していく。

図3-2 「ミューズ学習」で使用するシンキングツール（出典：関西大学初等部，2012年，p.39）

b　思考ツールとICT活用

　一方，新潟大学附属新潟小学校（2017）は，この思考ツールにICTを活用して，子どもたちの思考力を高めていく取組をしている。学習活動の目的に応じたツールを一覧表として整理しており，「分類する」「比較する」「関係付ける」「収集する」「表現する」の目的に対応する形で，アナログ，デジタル両方のツールが用意されている。例えば，「収集する」目的のツールとして「マインドマップ」がデジタル，アナログ両方で用意され，各教科で利用されている。

　また，プロジェクト学習のデザインという面からの実践研究も行われている（稲垣編，2020）。この取り組みでは，プロジェクト学習の中で用いられることが想定される学習活動を「カード」として用意しておき，学習活動のデザインを行う際には，まるで「カードを切る」ようにそれらのカードをワークシートの上に並べる。その「学習活動カード」は，例えば，「整理・分析」の活動としては，「集約」，「比較」，「関連付け」，「論理」，「創造」と用意されており，教師は「こういう活動が必要かな」「この活動もあればよいかな」といった具合に，試行錯誤しながら授業をデザインすることができる。

4.　自律的な探究を進める「エンジン」としての省察

a　省察の重要性

　さて，ここまで，学習指導要領に示された探究活動のプロセスに沿って，学習を進めていく上でのポイントを見てきた。これらのポイントをおさえていくことで，総合的学習における探究的な学習活動がデザインされる。しかし，これらの要素が含まれているだけでなく，子どもたちの探究活動を推進する「エンジン」のようなものが必要である。それが「省察」であると考える。子どもたちが活動を進めていく中で，そのすべてのプロセスの基盤に，「省察」が必要である。それは，OECDのDeSeCoプロジェクトが導き出した3つの「キー・コンピテンシー」の基盤に，reflectiveness（思慮深さ）が重視されていることにも現れている。

　この省察には，大きく分けると2つの種類がある。1つには，学習活動を総

括的に振り返って自己評価した上で，それを通じて身に付けた（あるいは身に付けられなかった）資質・能力を自覚する省察である。特に今次の学習指導要領の改訂により，授業を通じて「何ができるようになったか」という資質・能力（コンピテンシー）を基盤にしたカリキュラムとなる中で，教師と子ども双方が，身に付けた資質・能力に対して自覚的であることが求められている。

もう1つは，学習活動の過程の中で，自らの探究の方法を自己評価し，判断した上で，適切な活動を探索したり，続く活動を選択したりする省察である。次項ではこのような探究学習の過程における省察について，7章において紹介されている秋田大学教育文化学部附属小学校の実践を取り上げながら考えたい。

b 「形成的省察」を促す授業デザイン

7章で紹介されているこの実践は，単元名は「つなげようよつばの心　広げようともだち」。この中で6年生が，「卒業プロジェクト」として，「自分の好きな教科等の魅力を下級生に伝える」ことに取り組む。この課題自体が，そもそもとてもハイレベルなものであるが，この難しい課題に対して，下級生に，つまり1年生にも伝わるように表現するにはどうすればよいかを検討することになった。

子どもたちは付箋紙を使いながら，何を伝えたいのか，魅力が伝わるにはどうすればよいかを可視化し，試行錯誤していた。そうした検討を踏まえ，子どもたちは，伝わるプレゼンテーションの在り方を見つけ出すためのシミュレーションに挑戦する。シミュレーションをしてみて，1年生の子どもたちには伝わりにくそうなこと，わかりにくそうなことについて，考えてみようというわけである。

ここで，授業をデザインした先生方の仕掛けとして面白いのが，1年生と交流した同様の経験を持つ，他のクラスの児童をゲストティーチャーとして招き，具体的なアドバイスをもらおうとしたことであった（図3-3）。

さてこの場面，これが「省察」とどうつながるのだろうか。子どもたちは探究活動のそれぞれの場面で，自分が追究する課題を選び，その解決に向けたアプローチを選び取り，またその選んだ結果としての学習活動を自己評価してい

図3-3　経験者（同級生）からのアドバイスに耳を傾ける

く。探究活動の各場面で学習を振り返り，判断する場面が，学習過程の中に散りばめられていると言えるだろう。

　そういった活動が，子どもたちの学習における「省察」だと捉えるならば，省察は学習活動の「最後に振り返る」だけではないことがわかる。「ふりかえる」というと，学習活動が終わってから，あるいはその終末に行うものということになるが，自律的な学習のそのさなかに，問題解決の過程のそれぞれの場面において，子どもたちの省察ポイントがあると言える。

　学習活動の途中にたくさんの省察ポイントがあるということを，学習評価における「総括的評価」と「形成的評価」の対比になぞらえるなら，“総括的”省察だけではない，過程の中で探究活動の形を成していくための「“形成的”省察」（formative reflection）が重要だと言えるだろう。

　そこで先ほどの授業場面である。同学年の他のクラスの児童をゲストティーチャーとして招く仕掛けは，子どもたちの「形成的省察」を促すためのものと見ることができる。同学年の仲間からのアドバイスは，それだけでも子どもたちに響くものである。しかも，すでに経験している「先輩」である。経験に基づいた力強いアドバイスをもらえるような場面を設定していたのは，授業者の先生方（学年全体で授業設計をしていた）の仕掛けとして面白く，また効果的だったと言える。子どもたちが自ら考えてやってみたシミュレーションを通じ

て，ゲストティーチャーのアドバイスをもらって協働的な学びが展開され，もともと持っていた考えが更新され，構造化される。平成29（2017）年の学習指導要領の中で謳われている「主体的・対話的で深い学び」が展開された場面であった。

　この場面以外にも，先生方の直接的な言葉がけによって，子どもたちの省察が促される場面が見られた。そのように見ると，子どもたちが形成的省察を行っている場面は不断にあり，そのすべてを見取ることは簡単なことではない。特に，グループワークなど拡散的な活動が多い総合の時間においては，授業者も動きながら各グループに言葉がけをしている。そういった拡散的な学習活動の状況において，授業者がそれぞれの子どもに対してどのような言葉がけを行い，それが子どもたちにどのように伝わり，省察が促されたかについての実践研究も，今後重要になるだろう。

　総合的学習に限らず，昨今の授業では，授業の最後において「それでは，振り返りシートに記入しましょう」と，振り返りの活動が入れられていることが多い。しかし，授業内容の感想を記入するだけで，振り返って何をさせたいのか，どのようなことについて書き留めさせたいのかが見えないことも少なくない。形式的にふりかえる活動を入れるだけでなく，学習活動の全体において子どもたちが省察をしていることを，できる限り見取ることが重要であるといえよう。

　また，子どもたちが自らの学びを省察して，学習方法を選択，決定したり，また身に付いた資質・能力について自覚的になることは，自らの学びをメタ認知することであり，今後ますます重要視されるであろう。自律的に探究を進めていける子どもたちを育てるためには，省察を通じた学びのメタ認知にフォーカスする必要がある。

5．実践研究の積み重ね
——主体的・対話的で深い学びを目指して

　ここまで述べてきた授業づくりを実現することを目指し，本節では，冒頭に

述べた教師の指導性についてあらためて考えてみたい。というのは，「児童の主体性を重視」しながら，「教師が児童の学習に対して積極的に関わらないということを意味するものではない」ということを実現するのは，そう簡単なことではないと思うからである。

a　適切な・バランスを保った指導

「解説」には，探究的な学習活動を展開していく上でのたくさんのポイントが示されている。そしてそれらは，「適切に」行う必要があり，「バランスを保って」行われる必要がある，とされている。「適切な指導」，「適切な教材」，「バランスを保つ」といった表現が登場するが，授業者からすれば「その『適切』が難しいんだよなあ」というのが本音ではないだろうか。つまり，こういうときにはこうすればよい，という定式化された学習指導方法があるわけでなく，その都度判断しながら決定していくしかなく，また，他の教科，領域に比べて，総合的学習は，その傾向が強いといえるのではなかろうか。

ではどのように総合的学習の指導に臨めばよいのだろうか。結論的なことを申し上げると，総合的学習の指導に関わる実践研究を積み重ねることが重要である，ということになる。これでは，「そんなことは当たり前だろう」という声が聞こえてきそうなので，どんな実践研究が必要かということを提案できるならば，どんな子どもに，どのような判断で教師が「出る」のかについての実践研究が重要であると考える。

b　教師が「出る」・「待つ」

どのような場面で教師が「出る」かは，授業においてはとても重要である。「出る」という表現は，教師の世界に独特の表現である。そのような表現が用いられていることには，逆説的ではあるが教師が「出る」ことをあえてしないこと，すなわち，「出る」ことをしないでじっくり待ったり，そのまま見守ったりすることが，学習指導において重要であることが示されている。先生方が，そのことをとても重視していることの表れであると考えている。

前節では，授業者が学習者の形成的省察を促すよう仕掛けることが重要，と

書いたが，さらにもう一段先には，仕掛けた上で何もせず，子どもの反応を待っている，という局面もあるはずである。子どもたちに省察が促され，次に何か動き出そうとしている状況を，授業者は見取り，判断し，待機し，次の仕掛けの選択，意思決定を行っている。授業の過程における，授業者自身の「形成的省察」から学ぶものも，非常に大きいであろう。

　教師が「出る」こと，あるいは「出る」ことをしないで「待つ」こと，それは教師の学習指導における「わざ」だと言ってよい。ここでいう「わざ」というのは，経験によって培われ，吟味される，実践的かつ専門的な知識だと言える。これには唯一の正解があるわけではないので，実践研究を繰り返して，先生方の間で判断力を鍛えるしかない。

　こんなことをあらためて言うまでもなく，日本の教師，学校はこうした「わざ」を鍛える場を，日常的な仕事の場に保持してきた。それが「校内研究」の場である。教師が「出る」ことに着目した実践的な研究もすでにある（土谷ほか，2002）。子どもの主体性を尊重しながら展開する総合的学習においては，このテーマの実践研究が今後いっそう求められるのではなかろうか。また，教師が「出る」場面には，子どもたち同士の協働的な学びを促すしかけもある。そうした，子ども同士をつなぐような教師の働きかけも，子どもの主体的・対話的で深い学びの実現に向けて，重要になると考える。

6. おわりに

　本章では，総合的学習における学習指導の在り方について，4つの視点から考えてきた。1つ目は探究的な学習活動を進めていく上でのポイントについて，2つ目は，子どもたちが情報を整理したり分析したりする思考ツールやICTの活用について，3つ目は，学習活動の省察について，4つ目には，総括的な教師の指導性についてであった。

　「解説」に示されたポイントをおさえながら，また，適切なツールを活用することによって，授業デザインができる。その上で，本章で提案したかったことは，以下のようなことである。

- 子どもの興味関心に関する日常的な見取り
- 日常的な「素材の教材化」という視点
- 子どもたちに「形成的省察」を促す仕掛けと見取り
- 教師が「出る」場面と「待つ」場面についての実践研究

　平成10 (1998) 年の学習指導要領改訂で総合的学習が導入された際には，何をやればよいのかわからない，目標や評価の設定が難しい，といった，教師や学校の戸惑いの声が多かった。それから20年あまりが経過し，総合的学習の授業時間数は減少したものの，その面白さは色あせていない。実践研究も積み重ねられてきており，またツールの開発も行われてきている。教師や学校が自律的に，裁量的にデザインできるという点を生かし，子どもの主体性を生かした学習指導が展開される総合的学習の授業から，教師の「わざ」を学びたい。

参考文献

- 秋田大学教育文化学部附属小学校編『平成30年度研究紀要・自律した学習者を育てる』2018年
- 稲垣忠編『探究する学びをデザインする！　情報活用型プロジェクト学習ガイドブック』明治図書出版，2020年
- 関西大学初等部『関大初等部式思考力育成法』さくら社，2012年
- 黒上晴夫編『平成29年版小学校新学習指導要領ポイント総整理　総合的な学習の時間』東洋館出版社，2017年
- 土谷直人ほか「子どもにとって意味のある『教師の出』とは」東京学芸大学教育学部附属小学校・幼稚園研究紀要，p.18，54-73，2002年
- 新潟大学附属新潟小学校『ICT×思考ツールでつくる「主体的・対話的で深い学び」を促す授業』小学館，2017年
- 細川和仁「総合的な学習活動の設計と子どもの学習経験に関する事例研究」日本教育工学雑誌，24 (suppl.)，pp.35-40，2000年
- 益子典文「現職教師の教材開発過程の事例分析:素材の教材化過程における教育的内容知識に関する基礎的研究」岐阜大学カリキュラム開発研究，31(1)，pp.37-50，2014年

4章

「総合的な学習の時間」の評価

　本章では，「総合的な学習の時間」（以下，本文では「総合的学習」と略記）における評価の考え方と方法について考えていく。記述にあたっては，総合的学習をベースとして作られた，岩手県気仙郡住田町の独自設定教科「地域創造学」の事例を適宜取り上げる。本書12章を併せて参照されたい。

1.「総合的な学習の時間」における評価の観点

a　指導要録の枠組み

　平成31（2019）年改訂指導要録（参考様式）の「総合的な学習の時間の記録」欄は，以前の様式に比べて縮小されている。記入欄は従来と同じく「学習活動」「観点」「評価」で構成される。「観点」は，学習指導要領の示す総合的学習の目標を踏まえて各学校が具体的に定めた目標・内容に基づき，各学校が自ら定めるものである。その際，表4-1を参照することが推奨される。

　表4-1の「趣旨」は，学習指導要領に記された総合的学習の目標にそれぞれ対応している。したがって，総合的学習において子どもの学習を評価する際には，目標と評価の一体化を図ることが前提となる。

　そのうえで，「総合的な学習の時間の記録」欄の「評価」については，従来と同じく子どもの学習状況に顕著な事項がある場合にその特徴を記入するなどして，子どもに身に付いた力を端的に記述するものとされている。こうした「力」や評価の観点は，「総合的な学習」の特質を踏まえて講じられるべきもの

表4-1 総合的な学習の時間の記録における評価の観点およびその趣旨

観点	知能・技能	思考・判断・表現	主体的に学習に取り組む態度
趣旨	探究的な学習の過程において、課題の解決に必要な知識や技能を身に付け、課題に関わる概念を形成し、探究的な学習のよさを理解している。	実社会や実生活の中から問いを見いだし、自分で課題を立て、情報を集め、整理・分析して、まとめ・表現している。	探究的な学習に主体的・協働的に取り組もうとしているとともに、互いのよさを生かしながら、積極的に社会に参画しようとしている。

出典：中央教育審議会「児童生徒の学習評価の在り方について（報告）」別紙4「各教科等・各学年等の評価の観点等及びその趣旨」, 2019年, p.30

であり，それらを大まかに整理したのが表4-1であると言える。では，それぞれの観点の具体はどのように考えればよいか。

b 認知的な観点と情意的な観点

　各観点の本質をとらえ，評価に生かそうとするとき，それらを認知的な観点と情意的な観点とに区別して見ることが有用である。例えば，「地域創造学」では，「社会的実践力」として12の資質・能力が掲げられている（12章参照）。それらは「地域理解」「社会参画に関する資質・能力」「人間関係形成に関する資質・能力」「自律的活動に関する資質・能力」の4つに分類されている。このうち，地域の歴史や文化，現状と課題を理解することを求める「地域理解」は，知識や技能，思考に関する認知的な観点と見なせる。こうした認知的な観点は，到達目標に対応させて，後述するペーパーテストやパフォーマンス課題によって，比較的はっきりと見取ることができるものである。

　一方で，「社会参画に関する資質・能力」の「好奇心・探究心」や「困難を解決しようとする心」などは，個人の態度や価値観に関わる情意的な観点であって，認知的な観点からは区別される。これらは到達目標を設定して見取ることが難しく，方向目標に対応させるべきものである。

　「地域創造学」の「社会的実践力」は，いずれも情意的なものを含んでいる。「態度・意欲・学びの価値」（表4-3の★印）は，そのまま情意に該当するし，「汎用的スキル」（表4-2の☆印）は，認知的なものと情意的なものの両方を併せ持つ。例えば「伝え合う力」には，考えや成果を相手にわかりやすく伝える

工夫についての知識や技能といった認知的な側面だけでなく，聞き手への配慮や他者の意見に対する尊重といった情意的な側面もある。

このように，学習指導要領をもとに総合的学習の観点を各学校で設定していく際，認知的な観点と情意的な観点が並存することがある。それぞれ対応する目標の形が異なるため，それぞれの観点の内実をよく見極めて，目標と評価の一体化を図りたい。特に情意的な観点については，次に述べるように目標として設定すべきものとそうでないものとがあるため注意を要する。

c 「入口の情意」と「出口の情意」

情意的な観点には「入口の情意」と「出口の情意」がある。「入口の情意」は，学習の出発点において発揮され，その後の学びを方向付ける情意のことである。例えば，探究する対象に大きな関心や意欲を持っていると，その単元の探究が活性化・促進されるという具合である。

これに対し，「出口の情意」は学びの結果として得られる情意を指す。探究を通して，様々な視点から考え，批判的に検討することの大切さに気付いたり，答えが見つからなくても考え抜いてみようとする粘り強さを身に付けたりすることができたとする。こうした情意は「出口の情意」であり，探究の結果として得られた，あるいは伸ばすことができたものと見なせる。

「出口の情意」は，目標として設定し，形成的評価あるいは総括的評価の対象とすることができる。一方「入口の情意」は，学習開始時に持ち合わせている（と期待される）ものであるため，診断的評価の対象として学習の基盤をつくることはあっても，少なくとも総括的評価の対象にするべきではない。

「地域創造学」の資質・能力にも，「入口の情意」としてとらえられるものと，「出口の情意」と考えられるものとがある。「見通す力」や「好奇心・探究心」のようにそもそもが「入口」的なものもあれば，「多面的・多角的に考える力」のように単元の中で自ずと身に付きやすい（＝「出口」になりやすい）ものもある。しかし，そもそも各資質・能力がどちらに属するのかを考えること自体にあまり意味はない。全5ステージにわたる長期的な計画を有し，それも単元の結び付きの強い「地域創造学」のようなケースでは，ある単元の「入口」は前

の単元の「出口」であるとともに，ある単元の「出口」は次の単元の「入口」であるから，どの資質・能力も「入口」にも「出口」にもなりうる。

　重要なのは，評価規準としている資質・能力を当該単元の「出口の情意」と見なせるかどうか，言い換えれば，その力は本当にその単元の中で育てたものなのかどうかを吟味することである。「入口の情意」を評価すべきでない理由はこの点に尽きる。評価しようとしている情意が，単元の中で指導していなかった（＝子どもがもともと持っていた）ものなのであれば，結局のところ，子どもの持ち前の性格や人格を評価することになってしまうからである。こうなると，評価とは教育者側の教育を評価するものであるとする教育評価の本質に反し，単に子どもを「値踏み」するだけの評価に陥りかねない。

d　認知と情意を一体的にとらえる

　最後に付け加えれば，「出口の情意」と見なせるものであっても，それだけを独立させて総括的評価を行うことは必ずしも適切ではない。その理由は3つある。第一に，情意はそれぞれが独立しているわけではなく，密接に関連しあっている傾向にあるからである。例えば「地域創造学」の「協働する力」と「他者受容」は，相手を尊重する姿勢が相手との協力的な活動を促進するし，相手と協働していくうちに相手の考えなどをさらに大切に思うようになるというように，相互に強く影響しあう関係にある。このとき，単元においてそれぞれの観点を独立させると，二重に評価してしまうことになる。

　第二の理由は，情意と認知も関連しあうからである。例えば，探究の成果物それ自体の評価と，粘り強く取り組もうとする姿勢の評価を個別に行うとしよう。粘り強く取り組んで生み出した成果物は，途中で投げ出した結果提出された成果物に比べ，よくできているものである。この場合，それぞれの観点を独立させてとらえると，やはり二重に評価をしてしまうことになる。また，粘り強さだけを評価対象として取り出してしまうと，ノートに「粘り強さ」を示す特定の表現が含まれているかどうかを表面的にとらえてしまうような事態になりかねない。数値による評定を行わないにしても，指導要録の「記録」欄の記述にこういった二重性が表れていないかどうか，吟味する必要があろう。

第三の理由は，状況依存的に発揮される情意が多いからである。例えば，グループで探究に取り組んでいる子どもの協働性，すなわち他者と協働する力を見取りたいとしよう。この場合，子どもが効果的に協働できるかどうかは，少なくとも2つの状況的要因に依存している。1つはグループの仲間の協働性である。いかにその子どもが協働性を発揮したくとも，他の仲間が非協力的であれば，結果としてその子どもの協働性は探究に反映されない。もう1つの要因は，探究課題そのものの質である。一人だけで解決できてしまうような単純な課題の場合，協働すること自体が困難になるかもしれない。こういった要因を考慮すると，協働性だけを取り出して評価することは適切ではない。

以上を考え合わせると，総合的学習における子どもの情意は，長期的な成長を念頭に置きつつ，特定の単元の探究において，中間報告や成果物，探究課題そのものの質と結びつけ，認知的な観点と一体的にとらえることが妥当であると言える。指導要録の観点で言い換えるならば，「主体的に学習に取り組む態度」は「思考・判断・表現」と一体的に把握すべきである。

では，こういった認知的な観点と情意的な観点は，どのような評価方法の中で働かせていくことができるのであろうか。総合的学習における子どもの探究には，様々な要因が絡み合って影響しているため，多様な評価方法を工夫していく必要がある。次節で概観してみよう。

2. 多様な評価方法の工夫

一般に，評価方法には図 4-1 に示すカテゴリーのものが存在する。それぞれ適した観点に合わせて，学力評価計画を立てて活用していくことが望ましい。

a 選択回答式の問題（客観テスト）

総合的学習には，各教科等で実施されるような選択回答式のペーパーテスト（客観テスト）による評価はなじまないと思われるかもしれない。確かに，総合的学習で期待される探究的な学習の質の高さを，知識・技能の有無を評価するペーパーテストでとらえることは考えにくい。

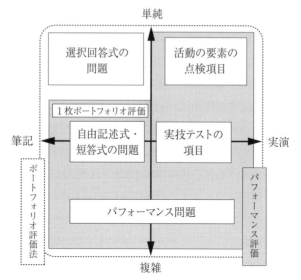

図4-1　学力評価の方法
出典:西岡加名恵『教科と総合学習のカリキュラム設計』図書文化, 2016年,
p.83の図2-2を筆者が簡略化

　しかしながら，指導要録において，総合的学習の評価の観点に「知識・技能」が挙げられており，それが「課題の解決に必要な知識や技能を身に付け，課題に関わる概念を形成し」ているかどうかを見取るものであることを念頭に置けば，必ずしもペーパーテストは不適切なものではないと言える。探究課題自体は個々別々であったとしても，一定の知識や技能を全員が備えておかなければならないという事態は十分想定される。その場合，そうした知識・技能の有無を評価する上で，ペーパーテストは有用であろう。

　ただし総括的評価としては，やはりペーパーテストはなじまない。あくまでそれは，探究において必要となる知識や技能を子どもたちが持っているかどうかを確かめるためのものである。総合的学習のペーパーテストは，総括的評価ではなく，診断的評価や形成的評価として用いることが妥当である。

b　パフォーマンス評価

　図4-1のうち，「選択回答式の問題」以外は「パフォーマンス評価」として

括られている。何らかの活動の場面を点検したり，実技テストを用いたり，自由記述式の問題に取り組ませたりすることは，「選択回答式の問題」とは異なり，知識や技能を実際に〈使う〉ことを求める評価方法である。

　「パフォーマンス評価」として分類される評価方法の中でも，様々な知識や技能を使いこなすことを求めるような複雑なものは，特にパフォーマンス課題と呼ばれている。パフォーマンス課題とは，概念に対する理解の深まりや，知識・技能を活用する力の高まりをとらえるために，真正の文脈の中で，様々な知識・技能を使いこなして特定のパフォーマンス（作品や振る舞い）を生み出すことを求める課題のことをいう。「真正の文脈」については様々な考え方があるが，ここでは，子どもたちが自然に特定のパフォーマンスを行うことになるような状況という具合にとらえておきたい。このような文脈には，課題の解決に必要な知識や技能，期待されるパフォーマンスの契機が埋め込まれている。

　具体例を挙げよう。岩手県住田町立世田米中学校の細川遼太教諭と黄川田潤一教諭は，「地域創造学」において，表4-2のようなパフォーマンス課題を実施した。

　この課題は，大雨の際に被害を受けやすい住田町世田米地域に暮らす子どもたちにとって切実なものである。山に囲まれ，中央に気仙川が流れる世田米地域は，過去に土砂崩れや川の氾濫が発生したことがある。子どもたちがよく利用する施設や道路は特にそうした被害を受けやすい地理的条件にある。子どもたちが世田米の交流施設「まちや世田米駅」で過ごしているときに大雨が降ったと仮定して，そこから安全に帰る経路を考えるというこの課題は，きわめて現実味がある。この現実味によって，子どもたちは自然に「安全に帰る・避難する経路を考える」というパフォーマンスを行うよう導かれる。

　この課題を解決するには，「観点」に示されている「地域理解」と，「提案・発信する力」の動員が不可欠である。例えば，避難の際に起こりうる危険や，住田町のハザードマップに関する知識が要求される。それも，知識を単に〈知っている〉だけでなく文脈の中で〈使う〉ことが求められる。また，安全な経路をただ考案するだけではなく，そうした状況に置かれた全員が避難できるように，考案した避難経路を公表・共有することが望ましい。

表4-2 パフォーマンス課題の例

課題		
大雨が降った時，まちや世田米駅周辺から安全に帰る・避難する経路を考えよう！		
観点		評価規準
A ◎地域理解		◆大雨洪水警報が発令された際の，まちや世田米駅から安全に帰宅・避難するための行動案を，根拠（土砂災害・洪水災害の危険個所）を持って作成することができる。
B 社会参画に関する資質能力	3 ☆提案・発信する力	

出典：住田町立世田米小学校・有住小学校・世田米中学校・有住中学校・岩手県立住田高等学校『令和元年度研究開発実施報告書（第3年次）【別冊資料】』2020年，pp. 129-134より筆者作成

　このように，パフォーマンス課題の遂行にあたっては，様々な知識や技能を総合的に使いこなすことになる。あるいは，世田米中学校の課題例において，身の回りの地域の事象に対する興味・関心（好奇心・探究心）が表れるというように，観点として設定した情意も，課題遂行に向けた取り組みや課題の成果物の中に発揮される可能性がある。したがって，認知的観点・情意的観点を一体的に見取ることができるという点でも，パフォーマンス課題は有用である。

　なお，課題探究によるプロジェクト型の学習は，それ自体がパフォーマンス課題になりうる。子どもたち自身が，あるテーマの中で自らの問題意識に基づいて課題を設定し，その解決に向けて様々な知識や技能を使いこなしながら，探究過程に没入することになるためである。

c　ポートフォリオ評価法

　図4-1では，様々な評価方法を「ポートフォリオ評価法」が包み込んでいる。ここでのポートフォリオは，子どもの成果物や自己評価の記録，学習中にとったメモ，教師の指導や評価の資料・記録，参考にしたい他の子どもの作品のコピーなどを，ある基準に従って系統的に蓄積したものを指す。図4-2は，「地域創造学」で用いられているポートフォリオ「まなびのあしあと」である。

　ポートフォリオは，図4-2のようにファイルで綴じる形式をとることが多いが，箱の中に蓄積していく形式なども可能である。重要なのは，何のために資料を蓄積するのかという目的と，どのような資料を蓄積するのかという選定基準，そして実際にポートフォリオをどう使っていくのかという運用イメージで

ある。

　まず，ポートフォリオを用い
る目的としてしばしば挙げられ
るのは次の2点である。第一に，
子どもに自己評価の力を付ける
ためである。ポートフォリオに
何を残していこうかという基準
を（教師とともに）考えたり，
折に触れて蓄積した過去の自ら
の成果物やメモなどを見返した

図4-2　まなびのあしあと
提供：住田町立有住小学校

りする中で，子どもたちは自己評価の力を伸ばすことができる。

　第二の目的は，子どもの進歩を線でとらえるためである。探究の成果物だけ
では，子どもがどのように考えてきたのか，どのような考えを克服したり切り
替えたりしてきたのか，どのような活動を行ってきたのかといった，探究の過
程が十分にとらえられない。ポートフォリオを見ることで，そうしたプロセス
を評価することができる。また，探究を始めたときや過去の探究のときと比べ
てどう子どもが進歩したのかという長期的な変化も見取ることが可能になる。

　次に，ポートフォリオに残す資料の選定基準については，総合的学習の場合，
子どもと教師とが協働で交渉する中で創出していくことが望ましい。このよう
なポートフォリオは「基準創出型ポートフォリオ」と呼ばれる。

　図4-2をもう一度見てみよう。そこには，ポートフォリオが2種類あるのが
見て取れる。このうち薄いほうはフラットファイルに綴じるだけの簡易なもの
であるが，厚いほうはクリアフォルダーに差し入れた上でリングファイルに綴
じたものである。「地域創造学」では，これら2種類のポートフォリオを使い
分けており，薄いファイルには日常的にワークシートや振り返りシートなどを
蓄積していき，活動がひと段落すればそれらの中から残したいものを検討して
厚いファイルに保存していく。一般に，前者のような使い方をするものはワー
キング・ポートフォリオ，後者はパーマネント・ポートフォリオと呼ばれる。

　ワーキング・ポートフォリオには，探究の中で活用した資料であれば，メモ

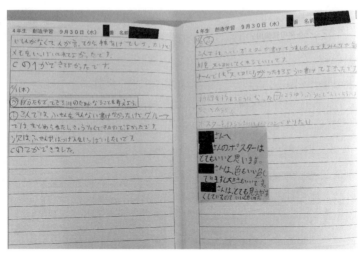

図4-3　ワーキング・ポートフォリオに残された資料の例
提供：住田町立有住小学校

程度のものも含めて自由に蓄積させてもかまわない。もちろん，目標や評価の観点を意識させたり，残す理由を書かせたりすることが望ましい。どうしても評価のために残してほしいという資料は教師が指示すればよい。それ以外にも，子ども自身の判断で，自分の役に立った資料やメモなどを残すということも考えられる。そうすれば，ワークシートには表れきらないような試行錯誤の形跡も残っていき，評価がより実質的になっていくであろう。図4-3は，ワーキング・ポートフォリオに残された日常的な学習の記録である。右側に書き手が作ったポスターに対する他の子どもからの評価を記した付箋が貼られていることがわかる。自己評価の力を付けるには，こうした手立ても有効である。

　一方パーマネント・ポートフォリオは，ワーキング・ポートフォリオに蓄積した資料の中から取捨選択したり，それらを並べ替えたりすることによって残していく，永久保存版のポートフォリオである。図4-4はパーマネント・ポートフォリオに保存された資料の例である。右側には探究の成果物（「ドキドキ日報」）が，左側には成果物に至るまでの活動において記入されたワークシートが，それぞれクリアフォルダーに差し入れられた状態で綴じられている。

　パーマネント・ポートフォリオを編集する際，子どもと教師との〈検討会〉

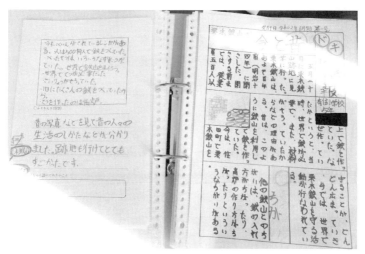

図4-4　パーマネント・ポートフォリオに残された資料の例
提供：住田町立有住小学校

を実施することが望ましい。子どもと協議することによって残すべき資料の基準に関して合意形成を図り，編集を行うプロセス自体が，重要な自己評価の機会となる。1対1の面談による個別検討会が理想であるが，学級規模と子どもの自己評価力によっては，一斉学習の形で検討会を実施することもできる。その場合は，典型的な作品を提示し，よいと思うところとその理由を交流することを通して，評価規準について共通理解を図り，それに照らして自分のポートフォリオを振り返らせるという形式がよい。

　以上をまとめれば，ポートフォリオの具体的な運用イメージは次のようになる。すなわち，子どもにとっては，探究の過程で手掛かりとした資料やワークシートを残したり，適宜それまでの過程を振り返ったりするという，探究にとっての伴走者的な運用と，探究の節目に検討会を開き，自己評価しつつパーマネント・ポートフォリオを編集するという運用である。教師にとっては，検討会を通じて評価規準を子どもに伝えたり，これから行おうとしている学習のためにそれまでの取組の成果を診断的評価として確認したりという手立てが考えられる。

　総合的学習の評価方法としては，以上のものが有用である。実際に評価をし

ていくと，ペーパーテストでは〇×がはっきり付けられるのに対し，パフォーマンス課題やポートフォリオはそうとは限らないという違いが見られる。最後に，このような評価基準の在り方について考えておこう。

3. 評価基準の考え方

a　パフォーマンス評価におけるルーブリックの重要性

　探究の質を評価しようとするとき，何らかの行動や手続きが行われたかどうかを確認するだけで十分であるケースも存在する。こうした場合には，確認すべき点検事項をチェックリスト形式で列挙しておくとよい。

　しかし一方で，〇×をはっきり付けることができず，△が発生することも多い。この△にしても，〇寄りのものと×寄りのものがあるかもしれない。しかも，そうした△の質をどう判断するかは，往々にして評価者の主観によって左右されるため，共通理解を図ったり，評価の根拠を説明したりする上では，ある程度客観的な（間主観的な）評価基準表が必要となる。そこで有用なのが，ルーブリックと呼ばれる，質の評価に関する評価基準表である。

　ルーブリックとは，パフォーマンス評価で要求されるパフォーマンスの質の高さをいくつかのレベルに分け，各レベルに相当するパフォーマンスの特徴を示した評価基準表のことである。必要に応じて，観点・評価規準ごとに行あるいは列を分けることがある。レベルと観点のどちらを縦軸にとってもかまわない。

　表4-3は住田町立有住小学校・菅原久里子教諭による，第3学年の「地域創造学」の単元「すごいな　住田のいいところ　〜教えよう〜」におけるパフォーマンス課題とルーブリックの例である。表4-3のうち3行からなる「パフォーマンスの特徴」がルーブリックにあたる。ここでは，「有住のいいね」を伝える文章（成果物）の質の高まりが，自己肯定感を軸として3段階（A・B・C）で描かれていることがわかる。パフォーマンス評価では，こうした評価基準表に照らして，成果物の質を見極めていくことになる。ここで，ルーブリックがパフォーマンスの質に言及するものであるという点は見落とさないよ

表4-3　パフォーマンス課題とルーブリックの例

パフォーマンス課題		これまでの活動や発表を振り返り，「有住のいいね」を伝えられたことを書こう。
見取る資質・能力		D3　自律的活動に関する資質・能力　★自己肯定感
パフォーマンスの特徴	A	「有住のいいね」を伝えられたと実感したことを，自分の思いや，手紙や感想を基に表現している。また，これまでの活動について振り返り，自分の頑張りを認めたり，自分の成長に気付いたりし，今後の学習や学校生活に生かそうとする前向きな記述をしている。
	B	「有住のいいね」を伝えられたと実感したことを表現している。また，これまでの活動について振り返り，自分の頑張りを認めたり，自分の成長に気付いたりしている。
	C （支援の手立て）	自分が特に伝えたかった部分はどこか，振り返らせる。また，それは手紙や感想のどの部分に表れているのか気付かせ，それを見てどんな気持ちになったのか考えさせる。

出典：住田町立世田米小学校・有住小学校・世田米中学校・有住中学校・岩手県立住田高等学校『令和元年度研究開発実施報告書（第3年次）【別冊資料】』2020年，pp.98-103より，一部表現を改めた上で筆者作成

うにしたい。「文章の中で特定の文言が〇回用いられている」というように，量が問題になるのであれば，ルーブリックではなくチェックリストが適切である。

　各レベルの記述は，レベルが高まるにつれて質が高まっていくようにするのが基本であるが，実践者の判断で，表4-3のように一番下のレベルに「支援の手立て」を記すこともある。また，前年度の成果物がすでに蓄積されていれば，それを典型的な作品例（アンカー作品）として添付しておくことも有効である。こうした工夫によって，ルーブリックを適切に活用していきたい。

　ポートフォリオ評価法に関して子どもの成長を長期的な視点でとらえる場合にもルーブリックは有用である。このとき，ルーブリックに描かれるレベルは，単元や学年を超えた長期的なものとなる。こうしたルーブリックを長期的ルーブリックと呼ぶ。「地域創造学」で言えば，「社会的実践力の系統表」（12章参照）が長期的ルーブリックにあたる。これによって，学年間で与える課題が違っても，成長の度合いを統一的な尺度でとらえることができるようになる。

　なお，ルーブリックによる評価はしばしば「ルーブリック評価」と呼ばれる。この呼称は適切ではない。ルーブリックはあくまでパフォーマンス評価の道具

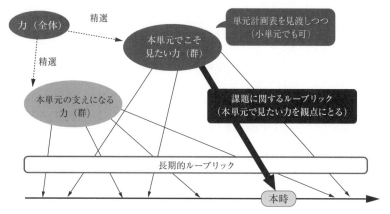

1. 毎時間の見取りは，系統表に照らしながら，行動観察やワークシートで行う。
  支えになる力（群）については確認程度でよい（特筆すべき場合のみ残す）。
2. 本時の見取りは，ルーブリックを伴うパフォーマンス評価により，成果物を通じて行う
  （力によっては客観テストやチェックリストでも OK）。

図4-5　毎時間の評価と本時の評価のイメージ

にすぎない。また，「ルーブリック評価」と呼ぶと，ルーブリックが学習評価の主人公となり，いかに優れたルーブリックを作るか，いかにルーブリックを取り入れるかという点に光が当たってしまう。手段の目的化を避ける意味でも，「ルーブリック評価」という呼称は避けるべきである。

b　ルーブリックの運用イメージ

　最後に，総合的学習においてルーブリックをどのように運用していけばよいのかを図 4-5 のとおり提案しておきたい。

　まず，長期的ルーブリックや単元計画表を参照しながら，学校・学年全体として観点として見取りたい「力」（知識や技能も含む）を，現在の単元でこそ育てたい（見取りたい）ものと，単元における学習や探究の支えとして発揮されてほしいものとに分ける。このうち前者は，パフォーマンス課題を通じて，ルーブリックで評価する（見取りたい「力」の内実によっては他の方法でもよい）。それ以外の場面では，行動観察やワークシートで形成的評価を行うこととなる。後者，すなわち単元の支えになる「力」については診断的評価や形成的評価が

基本になるが，フォーマルに評価する必要はなく，あくまで確認程度にとどめておき，単元の中で支障をきたすようであれば適宜指導していくことになる。こうして，単元の中で育てようとしている「力」とそうとは限らない「力」とを見極め，適切な評価方法・評価基準を用いていくことが望ましい。

ただし図 4-5 は，「地域創造学」のように，長期的ルーブリックにおいて複数の「力」あるいは観点が設定されており，かつ単元の指導においてはそのうちいくつかを重点的に取り上げるというケースを想定している。また，「本時」をパフォーマンス課題の一番の山場としている。このことを前提とし，実情に合わせて評価の具体像を構想していただければと思う。

参考文献

・石井英真『授業づくりの深め方──「よい授業」をデザインするための5つのツボ』ミネルヴァ書房，2020年
・石井英真・西岡加名恵・田中耕治編著『小学校新指導要録 改訂のポイント』日本標準，2019年
・西岡加名恵『教科と総合に活かすポートフォリオ評価法──新たな評価基準の創出に向けて』図書文化，2003年

基本的な文献

・田中耕治『教育評価』岩波書店，2008年
・西岡加名恵編著『資質・能力を育てるパフォーマンス評価──アクティブ・ラーニングをどう充実させるか』明治図書，2016年
・西岡加名恵・石井英真編著『Q&Aでよくわかる！　見方・考え方を育てるパフォーマンス評価』明治図書，2018年
・西岡加名恵・石井英真・田中耕治『新しい教育評価入門──人を育てる評価のために』有斐閣，2015年
・堀哲夫『新訂　一枚ポートフォリオ評価OPPA──一枚の用紙の可能性』東洋館出版社，2019年

5章

「総合的な学習の時間」と
カリキュラム・マネジメント

　本章では，まず，各学校の教育活動が，教育目的・教育目標の実現に向けて有効に機能しているかどうかを判断するための概念である「カリキュラム・マネジメント」とは，どのような考え方なのかを明らかにする。次いで，「カリキュラム・マネジメント」を「総合的な学習の時間」（以下，本文では「総合的学習」と略記）において有効に機能させるために各学校で定める教育計画（全体計画・年間指導計画・単元計画）のあり方について述べる。その上で，総合的学習におけるカリキュラム・マネジメントの課題について示しておく。

1. 「カリキュラム・マネジメント」とは

a 「教育課程」と「カリキュラム」

　まず，「教育課程」については，小学校学習指導要領の総則編（カッコ内は中学校・高等学校の場合）では次のように規定されている。

　「教育課程の意義については，様々なとらえ方があるが，学校において編成する教育課程とは，学校教育の目的や目標を達成するために，教育の内容を児童（生徒）の心身の発達に応じ，授業時数との関連において総合的に組織した学校の教育計画である」（小学校学習指導要領（平成29年告示）解説総則編 p. 11）。

　「教育課程」の理解については，過去の学習指導要領でもほぼ同じである。つまり，「教育課程」とは，「学校の教育計画」を指すことが一般的である。

　一方，「カリキュラム」について，その語源は，もともとラテン語で「走る」

という意味の「クレレ（currere）」に由来し，競技場の走路を意味する言葉であり，「人生のコース」とか「履歴」を意味するといわれる。そこから，「カリキュラム」とは，教材や授業の計画から，実際に行われる教育活動およびその評価・改善まで含む，学習者の「学びの経験の総体」という包括的な概念として理解されることが多い（佐藤（1996），pp. 105-109；日本カリキュラム学会（2019），pp. 2-3）。

　また，「カリキュラム」という用語は，学習当事者である子どもの視点からとらえるという側面が強調されるともに，非明示的・非組織的な「ヒドゥン・カリキュラム（潜在的カリキュラム）」（例えば，座席配置，男女混合名簿，教師の服装，教師の態度，学校建築など，暗黙に子どもたちに伝えるべき，学校や社会で望まれる価値・規範・文化・態度等のメッセージ）も含む概念と理解されることが多い（日本教育方法学会（2004），p. 176）。

　その点では，「カリキュラム」は「教育課程」を含みつつも，それよりも広義の概念であるといえよう。

b 「カリキュラム・マネジメント」とは

　「カリキュラム・マネジメント」とは，「各学校が教育目標の達成のために，児童・生徒の発達に即した教育内容を諸条件とのかかわりにおいてとらえ直し，これを組織化し，動態化することによって一定の教育効果を生み出す経営活動である」ともいわれてきた（中留・田村（2004），p. 11）。

　その背景には，平成元年（1989）の学習指導要領改訂以降，教育課程は，地域や子どもの実態を踏まえ，各学校が独自に編成するという方向性が強調されてきたことがある。特に，平成10年（1998）年の学習指導要領改訂において，「教育課程の大綱化，弾力化」および「学校の裁量拡大」などが強調され，学校の自主性や自律性，創意工夫を生かした学校改善の取り組みが求められるようになったこと，また，それらの効果を評価するための学校評価の導入などから，「カリキュラム・マネジメント」という用法が特に広まってきた。

　それらの流れを受けて，平成29年（2017）改訂の学習指導要領解説「総則編」では，「学校教育に関わる様々な取組を，教育課程を中心に据えながら組

織的かつ計画的に実施し，教育活動の質の向上につなげていくこと」を「カリキュラム・マネジメント」とし，以下の3つの側面から整理している。

・児童や学校，地域の実態を適切に把握し，教育の目的や目標の実現に必要な教育の内容等を教科等横断的な視点で組み立てていくこと。
・教育課程の実施状況を評価してその改善を図っていくこと。
・教育課程の実施に必要な人的又は物的な体制を確保するとともにその改善を図っていくこと。　　　　　　　　　　　　　　　　　　　　（下線は筆者）

　このように，「カリキュラム・マネジメント」において必要な観点は，①まず何よりも学校・地域・子どもの実態把握が出発点であり，それに即した教育目標の設定と教科横断的な視点での教育内容の組織化，②教育課程の編成・実施・評価・改善の一連のサイクルの確立，③学校のみならず，学校外部の地域等の人的・物的資源の有効活用，ということになる。

c 「カリキュラム・マネジメント」のプロセス（「PDCAサイクル」）

　各学校では，総合的学習をはじめ，子どもや地域の実態に即して学校独自に主体的かつ創造的にカリキュラムを開発することが一般化してきた。その際に，各学校では，現状についての実態把握，そこからの課題抽出とそれに基づく教育目標の設定，そして，具体的な教育課程の編成，実施，評価，改善といった，全体的な組織マネジメントのあり方を取り入れることが有効とされる。つまり，先に指摘した「カリキュラム・マネジメント」の観点の②に該当するように，経営活動のサイクルにたとえる考えである。

　その典型的な考え方が，「PDCA（Plan-Do-Check-Action）」というマネジメントサイクルである。いわゆる**「PDCAサイクル」**ともいわれる。

　もともと，「PDCAサイクル」は，製造業や建設業などの事業活動において，生産管理や品質管理を効果的に進めるための経営戦略の考え方である。

　「PDCAサイクル」では，まず現状把握を踏まえて，目標を設定し，具体的な実施計画を立案する（Plan）。その計画を実施し，そのパフォーマンスを測

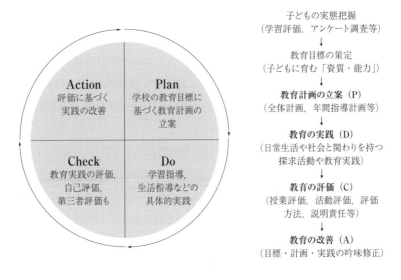

子どもの実態把握
（学習評価，アンケート調査等）
↓
教育目標の策定
（子どもに育む「資質・能力」）
↓
教育計画の立案（P）
（全体計画，年間指導計画等）
↓
教育の実践（D）
（日常生活や社会と関わりを持つ
探求活動や教育実践）
↓
教育の評価（C）
（授業評価，活動評価，評価
方法，説明責任等）
↓
教育の改善（A）
（目標・計画・実践の吟味修正）

図5-1「カリキュラム・マネジメント」における「PDCAサイクル」
筆者作成

定する（Do）。その測定結果を，当初の目標に照らして比較分析，評価する（Check）。その評価結果を踏まえて，継続的な向上に必要な改善措置を考える（Action）。その改善措置に照らして目標を吟味しながら，新たな実施計画を立てる（Plan）。それに基づき，計画を実施し，評価し，改善策を講じ，それに基づく新たな目標と計画を立案し……，というように，1つのらせん状の循環発展型のサイクルとして業務改善を推進する方法である。

　この考え方に基づいて，今日では，学校教育における効果的なカリキュラムの創造に向けて，「PDCAサイクル」に基づく「カリキュラム・マネジメント」が，各学校で展開されている。

　従来の学校では，一般的には年度末，あるいは学期末に教育活動の評価・改善が行われることが多いと思われる。しかし，「PDCAサイクル」の考え方を推し進めると，年度途中や学期途中であるかにかかわらず，年間の教育活動のいかなる場面であれ，教育実践自体のあり方を常に検証し，何らかの問題があれば，年度や学期をまたがず即座に改善に生かし，教育の質の向上を目指すことが望ましいということになる（図5-1）。

d 学校に基礎をおくカリキュラム開発（SBCD）について

　「カリキュラム・マネジメント」を1つのサイクルとして考えるにしても，もともと，カリキュラム論的には，カリキュラムは誰が創るのか，どのような目標を設定するのか，目標に即してどのような内容を盛り込むのがふさわしいのか，どのような方法で学習を進めるのか，どのような基準で何を対象に評価するのか，などの課題がある。

　「カリキュラム・マネジメント」は，各教科内容のマネジメントのみではなく，それを含めて，学校全体のカリキュラムを総合的・鳥瞰的な視野のもとで，教育目標の達成に向けて絶えず修正改善していくことにその本質がある。

　そのため，まず，学校が主体となって，どのような学びの経験を組織することが子どもたちの成長発達にふさわしいか，効果的な教育活動の検証が各学校および各教員に求められている。

　各学校が独自に創意工夫を生かした教育課程編成を進めることを理論付けるのが「**学校に基礎をおくカリキュラム開発（school-based curriculum development）**」，すなわち，原語の頭文字を取って「SBCD」といわれる考え方である。これは，学校自体をカリキュラム開発の場としてとらえ，教師の日常的な教育活動を基礎に特色あるカリキュラム開発を進めるという考え方である。

　これは，経済協力開発機構（OECD）の教育研究革新センター（CERI）が進める国際的なカリキュラム開発の中で示された考え方である。文部省（現・文部科学省）は，昭和49（1974）年に，CERIとの共催で「カリキュラム開発に関する国際セミナー」を開催したが，その際，イギリスのスキルベック（Malcolm Skilbeck）によって，「学校に基礎をおくカリキュラム開発（SBCD）」の考え方が紹介された。

　スキルベックは，「学校に基礎をおくカリキュラム開発（SBCD）」の手続きを，①状況分析，②目標設定，③プログラムの計画，④解釈と実施，⑤評価，の5段階で示している。この5段階の手続きでは，計画立案の前に，状況分析と目標設定を据えるところに特色があり，PDCAサイクルを考える場合にも，学校や子どもの実態把握といった状況分析，それに基づく教育目標の設定が，学校の教育計画を立案する際の前提条件であると理解されている。この「学校

に基礎をおく カリキュラム開発（SBCD）」の必要性について，スキルベックは次のように説明する。

①直接参加の意思決定や政策の民主化という現代社会の要請に応えうる。
②中央によるカリキュラム管理は，学校現場でのカリキュラム内容の無関心を引き起こす。
③学校は多様な関係者から構成される有機的な社会組織であり，組織として，学校教育の中心をなすカリキュラムについて，学校にこそ自己決定権と自己管理権が必要である。
④カリキュラムの内容は児童生徒の学習経験を構成するものであり，カリキュラム開発こそ，児童生徒のために各学校がなしうるベストな行動である。
⑤学校が，地域や多様な関係者と関わりながら自由かつ柔軟なカリキュラムのマネジメントが可能な場合こそ，カリキュラムは最も有効に機能する。
⑥カリキュラムの計画・実施・評価等への教師の直接参加が，教師としての専門職の役割遂行を可能にする。

(Skilbeck, M., "School-Based Curriculum Development" Harper and Row, 1984)

　このように，カリキュラム開発における学校の自主性・自律性を強調するのが「学校に基礎をおくカリキュラム開発（SBCD）」の考え方であり，それが最も有効に機能するのが，学校ごとに特色あるカリキュラム開発の裁量の余地が大きい総合的学習である。

2. 「総合的な学習の時間」における全体計画・年間指導計画等

a 「総合的な学習の時間」における全体計画・年間指導計画・単元計画の必要性

　各学校で「カリキュラム・マネジメント」を推進するためには，前節cで見たように，子ども・家庭・地域の実態把握に基づいて，PDCAサイクルを念頭に探究的な学習活動を連続的に発展させていくことが求められる。
　この考え方は各教科等に共通であり，総合的学習においても同様である。

特に，総合的学習では，地域や学校や子どもの実態に即した特色あるカリキュラムの開発が求められており，これまでも各学校における全体計画の策定，年間指導計画，単元計画の作成が必要とされてきた。例えば，総合的学習創設時の平成10（1998）年改訂学習指導要領では，総合的学習は「総則」の中に規定されていたが，平成20（2008）年の学習指導要領改訂時において，各教科と並んで独立の章立てを与えられ，特に，各学校での全体計画の作成，年間指導計画の作成が強調された。その趣旨は，平成22（2010）年11月に文部科学省から発行された指導資料『今，求められる力を高める総合的な学習の時間の展開（小学校編)』（中学校編も同じ）の中でも，全体計画，年間指導計画，単元計画といった3つの計画の作成が強調されてきたことに現れている。

　これらの計画策定に当たっては，子どもに育む「資質・能力」を明確にすることが規定されており，その「資質・能力」については，平成20年改訂学習指導要領においても，「学習方法に関すること，自分自身に関すること，他者や社会とのかかわりに関すること」の3つの視点を中心に構想することとされた。しかしながら，これまで目的・目標－内容－方法（課題設定・情報収集・整理分析・まとめといった探究学習のプロセスや体験学習等）－評価を一体的に関連付けた学習活動は必ずしも各学校では十分ではなかった。そのため，戦後新教育における経験主義カリキュラムのもとでの活動中心の教育（例えば，戦後の新教科「社会科」における「ごっこ学習」「体験学習」など）の弊害と同様に，何のために，どのような力が子どもたちに形成されるのかといった明確な学習目的・目標との接続が図られておらず，いわゆる「活動あって学びなし」とか「這い回る経験主義」という批判を受けることもあった。

　それらの反省を踏まえながら，平成29年学習指導要領の改訂では，特に，総合的学習の目標や，各学校の教育目標との関連を重視し，あらためて「実態把握」－「目標設定（資質・能力の明示)」－「（課題設定や探究学習を含む）学習内容」－「（探究学習や体験活動を含む）学習方法」－「学習評価」の有機的関連性のもとに一体的な教育課程の運用が求められている。

　それらを「カリキュラム・マネジメント」の視点から，鳥瞰的な教育活動の全体像を示すのが，各学校の「全体計画」であり，さらに「年間指導計画」，

および具体的な「単元計画」である。

　このように，総合的学習の目標達成が有効に機能しているかを判断するため，総合的学習のカリキュラム開発に際しての羅針盤として，あらためて全体計画，年間指導計画，単元計画の作成が必要とされるのである。

b　「総合的な学習の時間」における全体計画・年間指導計画・単元計画の内容

　総合的学習における全体計画，年間指導計画，単元計画の重要性は，すでに平成20・21（2008・2009）年の改訂学習指導要領および同解説の総合的学習編にも明示されている。その基本的な考え方は，平成29・30（2017・2018）年改訂の学習指導要領でも継承されている。

1）全体計画について

　まず，全体計画は，総合的学習のカリキュラム・マネジメントの観点から，総合的学習における教育活動の全体像を鳥瞰できる概括的・構造的な基本計画の位置づけを有しており，年間指導計画や単元計画も全体計画のもとに位置づけられなければならない。

　具体的には，カリキュラム・マネジメントの観点を念頭に置くと，全体計画では，以下の7点を踏まえて作成されることになる。

①学校や地域の実態・児童生徒の実態，保護者の願い・地域の願い等。
②学習指導要領に示された総合的学習の目標（いわゆる「第1の目標」）と各学校が定める教育目標を踏まえるとともに，①の実態把握を踏まえた，各学校が定める総合的学習の目標。
③各学校で定める総合的学習の内容（「目標を実現するにふさわしい探究課題」と「探究課題の解決を通して育成を目指す具体的な資質・能力」）。
④内容に関連する学習活動（単元およびそれらを配列し組織した年間指導計画も含む）。
⑤学習活動を実施する際に必要とされる「指導方法」。
⑥目標に照らして，資質・能力を育成するのに内容と方法が適切であるか否か

の「学習評価」（ここには，カリキュラム・マネジメントの観点から，指導計画自体の妥当性も評価対象に含まれる）。

⑦目標・計画・活動・評価の全体を推進するための「指導体制」（校内体制の他に，地域の人的・物的な支援体制も含む）。

2) 年間指導計画について

年間指導計画は，全体計画に示した目標実現に向けて，それにふさわしい探究課題を内容とする一まとまりの活動（単元）について，1年間における実施時期，配当時数などを示したものである。さらに，総合的学習の単元を，各教科等の単元と関連付けながら年間指導計画に併記することも考えられる（図5-2参照）。それにより，教科横断的な総合的学習の内容と各教科とのつながりをいっそう明確にすることができる。

また，総合的学習の目標（資質・能力）と単元間（教科間も）の関連を鳥瞰的に理解しやすく示すための全体計画の策定も考えられる。

例えば，岩手大学教育学部附属小学校の「わかたけタイム（総合的学習）」の全体計画案（各学年の年間指導計画と一体化し，各教科間のつながりも示す）のように目標と単元間の関連をシンプルに示すこともできる（図5-3）。

同校では，教育目的「人格の完成」（教育基本法第1条），および「生きる力（知・徳・体）の育成」というわが国の教育理念に基づきながら，学校教育目標を「未来を切り拓く人間の育成」としている。それをもとに，総合的学習における附属小独自の「資質・能力」として，特に，「問う力」「追究する力」「表現する力」「見つめる力」を具体的に設定している。その「資質・能力」を育成するために，3〜6年までの年間指導計画（単元配列表）を，各教科等との関連も明示して，全体計画に一体的にまとめている。この計画案は必ずしも固定的ではなく，「カリキュラム・マネジメント」の観点から，子どもの実態や他教科等との関連において，修正改善可能な暫定案として位置付けている。

3) 単元計画について

単元計画は，課題の解決を目指す探究的学習が発展的に繰り返される一連の

図5-2　総合的な学習と各教科等の単元等を関連付けた年間指導計画例
出典：文部科学省『小学校学習指導要領（平成29年告示）解説　総合的な学習の時間編』より抜粋

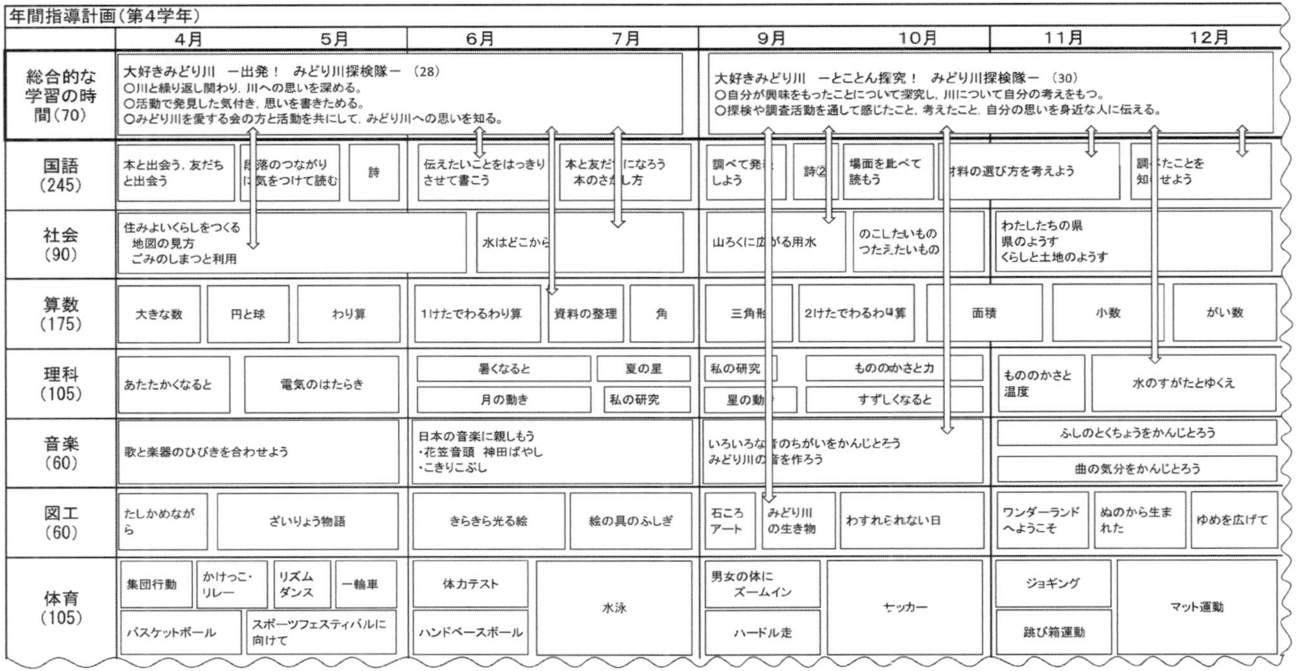

年間指導計画（第４学年）

教科	4月	5月	6月	7月	9月	10月	11月	12月
総合的な学習の時間（70）	大好きみどり川　―出発！みどり川探検隊―（28）　○川と繰り返し関わり、川への思いを深める。　○活動で発見した気付き、思いを書きためる。　○みどり川を愛する会の方々と活動を共にして、みどり川への思いを知る。				大好きみどり川　―とことん探究！みどり川探検隊―（30）　○自分が興味をもったことについて変容し、川について自分の考えをもつ。　○体験や調査活動を選して、自分に身近さを伝える。　○体験や調査活動を選して感じたこと、考えたことに自分の思いを身近な人に伝える。			
国語（245）	本と出会う、友だちと出会う	詩	伝えたいことをはっきりさせて書こう	本友だちになろう／本のさがし方	調べて発しよう／詩②	場面を比べて読もう	料理の選び方を考えよう	調べたことを知らせよう
社会（90）	住みよいくらしをつくる／地図の見方／ごみのしまつと利用		水はどこから		山ろくに広がる用水	のこしたいもの つたえたいもの	わたしたちの県 県のようす〈くらしと土地のようす〉	
算数（175）	大きな数／円と比	わり算	1けたでわる名わり算／資料の整理	角	三角形／2けたでわるわり算	2けたでわるわり算	面積／小数	がい数
理科（105）	あたたかくなると	電気のはたらき	暑くなると／月の動き	夏の星／私の研究	私の研究／星の動き	ものの温度と	ものの大きさと温度	水のすがたとゆくえ
音楽（60）	歌と楽器のひびきを合わせよう	さいりょう物語	日本の音楽に親しもう・花笠音頭　神田ばやし・こきりこぶし		いろいろなものからいきからかんじとろう　みどり川の音楽を作ろう		曲の気分をかんじとろう	
図工（60）	たしかめながら		きらきら光る絵	絵の具から絵	石ころアート／みどり川の生物	おすすめられない日	ワンダーランドへようこそ／ぬのからぼうしが	ゆめを広げて
体育（105）	集団行動／バスケットボール／かけっこ・リレー	リズムダンス／一輪車／スポーツフェスティバルに向けて	体力テスト／ハンドベースボール	水泳	男女の体に／スームイン／ハードル走	サッカー	ジョギング／跳び箱運動	マット運動

図5-3　総合的学習の全体計画・年間指導計画（暫定案）の一例
出典：岩手大学教育学部附属小学校「わかたけ（総合学習）」教育計画（校内版）（2020年）

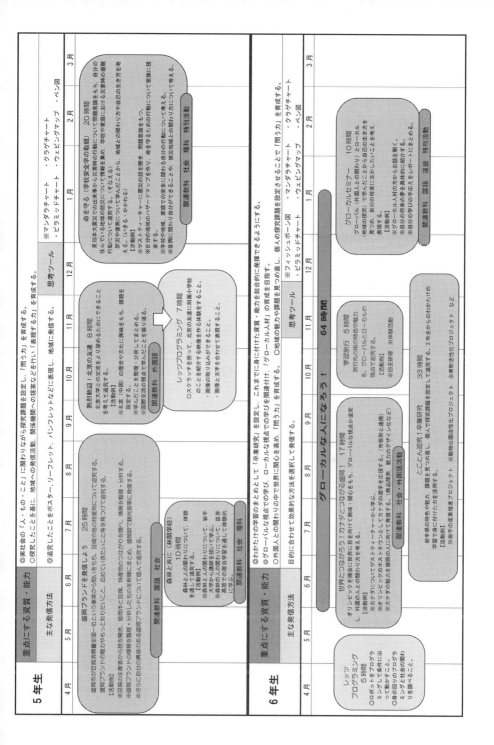

学習活動のまとまり（単元）についての指導計画である。

　単元計画を具体的に示すために，学習指導（学習活動）案が作成される。

　総合的学習の学習指導案に示す事項としては，各教科と基本的には変わりはない。ただ，総合的学習は，子どもたち自身の興味関心や主体的な探究活動が中心となり，何よりも子どもたち自身の自己の創造（自己の生き方を考える）と子どもたちが将来生きる社会の創造（自分たちが生きる社会のあり方を考える）につながる「資質・能力」の育成こそが最終的なゴールであるため，学習指導案においても，単元の学習を通して育まれる「資質・能力」を具体的に吟味しておく必要がある。

　例えば，学習指導案に記載される項目としては，

①単元名（探究的な学習活動を通して実現される目標がイメージできる単元名）
②児童生徒の実態（子どもたちの学習や生活の実態について，抽象的ではなく，ある程度具体的に把握して記載しておく必要がある）
③単元目標（②の実態把握に即して，子どもたちに育む「資質・能力」と関連付けられた目標）
④教材・学習材（例えば，地域素材や地域課題，地域の専門家や活動内容に関連する多様な協力者など）
⑤単元の展開（中心となる探究課題に即した具体的な探究活動の内容と方法）
⑥学習評価（単元目標，学校で定める総合的学習の目標の実現に向けて，子どもたちの学習の成果と課題を評価する。評価時期，評価方法，評価規準・評価基準の明示，子ども自身によるメタ認知としての自己評価の活用など）
⑦本時の目標・展開・評価（いわゆる細案に該当する）

　これらの指導計画は，あくまで，子どもの主体的な探究活動を見通し，最終的には，「資質・能力」の育成につなげるための見取り図的な位置付けを持つ。細かすぎる計画ではなく，あくまで，どのような「資質・能力」の形成が求められるかを重視しながら，各学校の子どもの実態に即して，子どもの思いや願いに柔軟に対応できる指導の構想が大切である。

4）各計画における各校種間・各教科間および学校外部との関連

　総合的学習の全体計画（年間指導計画，単元計画も含む）の作成に際しては，小学校段階から中学校段階への接続，および，高校・大学等から社会人への接続も含めた子どもの生涯発達の観点から，校種間をつなぐ系統性のある計画であることが望ましい。その場合，各学校の総合的学習の全体計画等を，地域の各学校間や保護者・地域の人々に対しても公開して情報共有することは，「社会に開かれた教育課程」を実現する上でも有効である。

　個々人の生き方を試行錯誤しながら確立していける力と，子どもたちが生きる将来の社会を自ら創造しうる力を育成するための指針として，各学校がカリキュラムの鳥瞰的見取り図としての教育計画（全体計画・年間指導計画・単元計画）を策定することの意義は大きい。その際，ヨコの広がり（総合的学習と各教科間との関連，および学校・家庭・地域等との連携協働）とタテのつながり（特に，「資質・能力」における，各校種間の発展的接続）の２つの視点を踏まえた教育計画の作成が求められる。

3.「総合的な学習の時間」の「カリキュラム・マネジメント」を考える際の課題

a　何のための「カリキュラム・マネジメント」かを意識すること

　学校教育の質の改善に資するため，根本的には，子どもの経験の質の向上（生涯にわたって学び続ける主体として，自己の人生の創造と自分たちの社会の創造を実現できるような人間形成を目指す）を実現させるために最も有効なカリキュラムが総合的学習といえる。それは，「社会に開かれた教育課程」（よりよい学校教育を通じてよりよい社会を創る）の実現にも資することになる。

　そのために，まず，子どもや地域・学校の実態把握を踏まえた総合的学習の目的・目標について十分に吟味し確認することが必要である。

b　校種間を通じた「資質・能力」の発展的系統性と相互関連の意識化

　総合的学習は小学校１・２年生の「生活科」との関連も含めて，小学校３年か

ら中学校，高等学校まで，一貫する形で教育課程上開設されている。生涯にわたって学び続ける力を形成するという生涯発達の視点からは，総合的学習で育む「資質・能力」については，就学前も含め，小中高を通じた子どもの発達を踏まえるという視点を意識して総合的学習のカリキュラムの開発と改善に努めることが各学校・教員に求められる。

c　各教科等の教育内容と「総合的な学習の時間」の探究課題の構造的発展の意識化

まずは，総合的学習における「探究的な見方・考え方」とそれ以外の各教科等における「見方・考え方」との関連を全体計画や年間指導計画においても明確にしておくことが望ましい。さらに，各教科内容と総合的学習の探究課題との関連，および総合的学習における各単元間，各学年間，各校種における関連性，系統性等を意識することも必要となる。

d　学習方法（指導の見通し）についての体系的工夫

学習方法としては，目標・内容と連動しつつ「主体的・対話的で深い学び」を生かした探究学習が必要となる。

特に，近年の認知科学研究の進展による社会構成主義的な学習観を踏まえると，協同・協調学習や，教師・保護者・地域の人々などの多様な人々による協働学習を活用することは，科学的認識の深まりと，社会性を備えた人間形成の実現を統一的に図っていくために有効である。そのための集団やグループの活用と，集団やグループ自体の質的発展（他律的な集団から自律的な集団へ。そのための学級経営・学級づくり）を，各教員が見通しておくことも求められる。特に，学習場面に即していえば，「考える－理解し，分かる－活用し，使える）」につながる探究学習であるかは常に問われなければならない。

e　マネジメントサイクルを踏まえたカリキュラムの絶えざる修正・改善

総合的学習の成果検証については，量的評価のみならず，例えば，ポートフォリオ評価やパフォーマンス評価のように質的評価に力点が置かれる。

また，学習内容・学習方法のみならず，目標や評価自体の絶えざる問い直しも必要となる（「目標に準拠した評価」と「目標にとらわれない評価」の両面での総合的学習カリキュラムの改善）。

　さらに，総合的学習のカリキュラムの改善は，「指導と評価の一体化」の趣旨に鑑み，子どもの変容に対応した即時性も意識することが大切である。そのためには，各学校において，可能ならば年度ごとというよりも年数回程度は，全体計画・年間指導計画も含めた改善検討が望ましいといえよう。

f　カリキュラムの開発検証における全教職員の参画，および児童・生徒，家庭・地域住民の「参画」の実現

　発達の程度に応じて，学習当事者である児童・生徒も，「カリキュラム・マネジメント」（PDCA サイクル）の各場面での参画を保障し，カリキュラムの修正改善に，子どもの意見を反映させることが望ましい。

　また，総合的学習では，探究活動に際して，家庭や地域住民が，子どもたちからの聞き取り調査に応じたり，地域における探究活動において専門的な知見を提供したり，助言を与える機会も多い。「社会に開かれた教育課程」の実現のためには，総合的学習のカリキュラム開発・検証に保護者や地域住民等も，当事者として参画することを保障していくことが求められる。

　特に，「コミュニティ・スクール（学校運営協議会）」（地教行法第 47 条の 5）を設置している学校においては，学校カリキュラム全体のあり方のみならず，総合的学習のカリキュラム開発・検証に地域住民等学校外部の方々が参画する機会は増えている。総合的学習の地域探究活動における地域住民等との協働は，学校運営協議会の活動や地域学校協働活動による学校と地域社会の協働（学社融合）を実現する基盤となりうる。総合的学習のカリキュラム開発・検証への子ども自身の参画，保護者や地域住民等の参画は，子どもたちの生き方の創造と地域社会の発展的創造という総合的学習が目指す目的の実現にとって有効な方法となりうる。

参考文献

・佐藤学『教育方法学』岩波書店，1996年
・田村知子・村川雅弘・吉冨芳正・西岡加名恵編『カリキュラムマネジメント・ハンドブック』ぎょうせい，2016年
・中留武昭・田村知子『カリキュラムマネジメントが学校を変える』学事出版，2004年
・日本カリキュラム学会編『現代カリキュラム事典』ぎょうせい，2001年
・日本カリキュラム学会編『現代カリキュラム研究の動向と展望』教育出版，2019年

6章

「総合的な学習の時間」と
各教科との関連

1. 平成29（2017）年学習指導要領の「総合的な学習の時間」と各教科との関連

　平成20（2008）年の小学校・中学校学習指導要領（以下，「2008年学習指導要領」）でも平成29（2017）年の小学校・中学校学習指導要領（以下，「2017年学習指導要領」）でも，「総合的な学習の時間」（以下，本文では「総合的学習」と略記）で「資質・能力」を育成すべきことは，目標以下に明記されている。しかし，2017年学習指導要領の総合的学習ではそれがより強く前面に出されている。

　2008年学習指導要領の総合的学習では「資質・能力」は3回出てくるだけであったが，2017年学習指導要領ではそれが7回に増えた。また，「課題の解決に必要な知識及び技能」「思考力，判断力，表現力等」「言語能力，情報活用能力」「考えるための技法」なども位置付いている。これらは2008年学習指導要領にはなかったものである。総合的学習の授業で資質・能力（学力）を育てるべきことがより強調されている。

　これは総合的学習は，多様な活動はあっても学びが薄い状況に陥りやすいという危機観に関わると考えられる。また，2017年学習指導要領が，資質・能力，見方・考え方，言語能力などを重視していることを受けてとも考えられる。

　総合的学習でまず問題となるのは，その授業で子どもたちにどういう力を付けるのかが曖昧になってしまうということである。子どもが興味をもつテーマで多様な活動を作り出すことは大切である。しかし，いくら多様で楽しい活動

があったとしても，それらを通じてどういう力を育てるのかが曖昧なままだと，「活動あって学びなし」という状況に陥る。経験すること自体に価値があるという側面もあるが，学校の授業としてそれだけの時間をかけて行う以上は，子どもたちに確かな学力を保証することは必須である。

　それは，1つにはこれまで総合的学習でどういう学力を育てるかについて，学習指導要領に十分に記されていなかったことに原因がある。それが，2017年学習指導要領では少し具体的になった。この機会に曖昧さを改善すべきである。また，各教科の教科内容との関連を十分に意識してこなかったという点にも原因がある。もっと積極的・具体的に「この教科のこの内容に関する力を育てる」ということを授業のねらいとして明確に位置付ける必要がある。

　2017年学習指導要領では，各教科と総合的学習の関係について「他教科等の目標及び内容との違いに留意しつつ，他教科等で育成を目指す資質・能力との関連を重視すること。」とある。また，「知識及び技能については，他教科等及び総合的学習で習得する知識及び技能が相互に関連付けられ，社会の中で生きて働くものとして形成されるようにすること。」ともある。他教科との関連を重視する姿勢は，2008年学習指導要領と同じである。ただし，2008年学習指導要領では各教科との関連についての記述が1か所だけであったが，2017年学習指導要領では2か所になっている。

　しかし，2008年・2017年の学習指導要領を通じて，知識や技能についての関連付けは明記しているが，思考力，判断力，表現力等についての関連付けの明確な記述がない。これだと各教科と総合的学習との関わりが浅いものに止まる危険がある。知識・技能レベルだけでなく思考力，判断力，表現力との関連付けも明記すべきである。

　2017年学習指導要領では「教科等を越えた全ての学習の基礎となる資質・能力」も明記された。汎教科的な資質・能力（学力）の重視である。妥当な指摘ではあるが，それは各教科の内容と切り離された力ということではないはずである。汎教科的な力も，やはり各教科の教科内容・学力とつなげて考えていくことが重要である。

2. 「総合的な学習の時間」と各教科の具体的な関連の在り方

　上記のことを前提として総合的学習と各教科との関連を考えていきたい。『小学校学習指導要領解説・総合的な学習の時間編』には、「各教科等との関連」について次のように書かれている。

　　例えば、社会科の資料活用の方法を生かして情報を収集したり、算数科のデータの活用での学びを生かして情報を整理したり、国語科で学習した文章の書き方を生かして分かりやすいレポートを作成したりすることなどが考えられる。また、理科で学んだ生物と環境の学習を生かして、地域に生息する生き物の生育環境を考えることなども考えられる。

　これらは、確かに総合的学習と各教科との関連の可能性の1つとしては妥当なものである。しかし、正直なところこの程度なのかという印象もある。もっと深く多様にそして立体的に各教科と総合的学習との関連を図ることができるはずである。
　特に2017年学習指導要領の総合的学習では「探究的な学習」が前面に出されている。にもかかわらず「情報を収集」「情報を整理」「分かりやすいレポート」「生育環境」レベルでの関連だけでは不十分と言わざるをえない。もっと探究に関わる関連を展開してく必要がある。ここでは、その展開可能性について具体的に考えてみたい。

a　国語科の学力と「総合的な学習の時間」

　例えば総合的学習で日本とヨーロッパの気候の違いなどについて取り上げてリサーチを展開したとする。その際に、様々な資料を検討するだろうが、例えば次のような資料を検討することがあるはずである。ここでは「日本の夏、ヨーロッパの夏」という国語科の説明的文章教材を取り上げる（図表は省略した。段落番号と文番号は筆者が付けた）。

① ①夏のある日，わたしたちが日本の国際空港を飛行機で飛び立つと，十数時間後には，やはり夏のヨーロッパに着くことができます。②ヨーロッパの空港におり立つと，わたしたちは，すずしい風におどろいてしまいます。③十数時間前の東京は，あせがふき出るようなむし暑さだったからです。

② ①同じ北半球にあっても，日本とヨーロッパとでは，夏の暑さがかなりちがいます。②いったい，どのように暑さがちがうのでしょうか。③東京とイギリスのロンドンを例にとって，調べてみましょう。

③ ①まず，月々の平均気温から比べてみましょう。②上の図は，東京・パリ・ロンドン・グアムの一年の平均気温を表したものです。③この図でわかるように，ロンドンの七月・八月の気温は，東京の五月や十月の気持ちのよい季節の気温とほぼ同じです。④フランスのパリ，ドイツのベルリンなどの真夏の気温も，だいたいこれと同じです。⑤これに対して，東京の七月・八月の平均気温は，ロンドンより十度近く高く，むしろ南洋のグアム島の気温に近いのです。（筆者注：図の七月・八月の気温はロンドン約16度，パリ約18度，東京とグアム約22度）

④ ①次に，東京とロンドンの，夏の平均雨量を比べてみましょう。②東京の六，七，八月の三か月間の平均雨量は四五九ミリメートルで，ロンドンの一五七ミリメートルの約三倍にもなります。③東京とロンドンだけではなく，日本各地とヨーロッパ各地を比べてみても，かなりのちがいがあります。④このことは，夏の日本では，ヨーロッパに比べて，空気の中に水蒸気がたくさんふくまれていることを示しています。

⑤ ①この二つの比較から，日本の夏は，たしかにむし暑いということがいえます。②それに対して，ヨーロッパの夏は，気温はあまり高くなく，空気もかわいていて，大変さわやかだといえましょう*1。

これは，小学校5年生の国語教科書に掲載されていた文章である。この文章を読んで何か気になることはないだろうか。

具体的なデータを上げて実証的に日本の夏とヨーロッパの夏の違いについて論じているように見える。ヨーロッパもロンドンだけでなく，パリやベルリンのデータを挙げよりわかりやすくしている。データも正確なものである。

しかし，よく読んでみると，いくつかの問題点が見えてくる。

まず，第3段落の都市選択についてである。日本の例として東京を，ヨーロッパの例としてロンドンを選択している。これらの選択は妥当なものと言えるのだろうか。ロンドンは世界でも最も有名な都市の1つで，日本の子どもたちも聞いたことはあるはずである。だから妥当な選択と言えそうではある。参考に挙げているパリやベルリンも有名である。しかし，これら3都市は，いずれも西岸海洋性気候の地域に含まれる。西岸海洋性気候の地域は確かに夏は涼しい。しかし，ヨーロッパには北欧3国のような亜寒帯気候の地域もあれば，ギリシャ，スペインなどの地中海性気候の地域もある。「ヨーロッパの夏」を考える際に，それらの都市を無視しても問題ないのか。

ヨーロッパの夏は日本の夏より涼しいことを示したいのだから，亜寒帯気候の地域は取り上げなくても問題はない。しかし，地中海性気候の夏は西岸海洋性気候と同じように涼しいのか。調べてみると7月・8月のアテネの気温は約27度，マドリッドの気温は約24度である。東京の22度よりむしろ高い。

とすると「ヨーロッパの夏」について考えるときにロンドン，パリ，ベルリンだけの都市選択には問題があることになる。だから，第5段落でまとめている「ヨーロッパの夏は，気温はあまり高くなく」にも無理があることがわかる。夏が涼しいのはヨーロッパの中でも西岸海洋性気候と亜寒帯気候の地域に限られる。倉嶋は，5年生にわかりやすいようにという「配慮」から日本でよく知られている西岸海洋性気候のイギリスやフランスを取り上げたのだろうが，ヨーロッパの夏の気候の説明としては明らかに誤りが含まれている。（さらに，東京一都市という選択にも検討の余地があるかもしれない。）

次に第4段落の水蒸気について検討してみる。日本の夏は水蒸気が多く蒸すのに対し，ヨーロッパの夏は空気が乾いていることを示している。ここでも何か気になることはないだろうか。ここでもロンドンだけを取り上げていることの妥当性が問題にはなる。しかし，ここで問題なのはそれ以上に平均雨量をデータとして取り上げていることである。この文章で空気の乾き具合を示すために平均雨量のデータを取り上げている。確かに6月・7月・8月の平均雨量は，日本が多くロンドンは少ない。

ただし，空気の乾き具合を測定するためのデータは平均雨量だけではない。平均湿度がある。しかし，なぜかここでは平均湿度を取り上げていない。

　平均湿度を確かめると，東京の6月・7月・8月の平均湿度は約75％である。ところが，ロンドンは同3か月の平均湿度は約80％と東京より高い。パリも約71％と東京より少し低い程度である。

　しかし，平均雨量はこれだけの差がある。これをどう見たらよいのか。月の平均雨量については，例えばその月の中の1日か2日に大量に豪雨のような雨が降ればあっという間に跳ね上がる。後の29日がからっと晴れていても平均雨量にすればそれなりの量になる。逆に平均湿度は，霧雨のようなわずかな雨が毎日毎日続いていると，雨量としてはきわめて少なくても高い数値となる。

　そう考えると空気の平均的な湿り気を確かめるためには，平均雨量ではなく平均湿度が適しているはずである。また，第3段落で温度を取り上げているのだから，第4段落では湿度にするのが自然とも言える。平均湿度は，実はヨーロッパのロンドンの方が日本の東京より高い。ということはここでも第5段落の「ヨーロッパの夏は」「空気もかわいていて」という記述に無理があることがわかる。（温度が低い方が空気中に含まれる飽和水蒸気量は少ない。だから，例えば同じ70％の平均湿度でも気温が低い方が水蒸気量は少ない。その意味でロンドンの夏は気温が東京より低いから同じ平均湿度だとしても水蒸気量は相対的に少ない。ただし，だからと言って「空気もかわいていて」と言うことには無理がある。）

　ちなみに地中海性気候の6月・7月・8月の平均湿度は，アテネ約46％，マドリッド40％と東京やロンドンより明らかに低い。そのことを考えると，ヨーロッパのうち西岸海洋性気候の地域の夏は，湿度は東京とそう変わらないが温度は低い。地中海性気候の地域の夏は，温度は東京とそう変わらないが，湿度は低いことがわかる。それらを総合すれば，温度も湿度も高い東京のむし熱い夏よりは，西岸海洋性気候の地域でも地中海性気候の地域の方がより過ごしやすいとは言えそうである。

　しかし，そういう述べ方ではなく，ただ「ヨーロッパの夏は，気温はあまり高くなく，空気も乾いていて」と断言している。読者の「わかりやすさ」を重視しようとしたとしても，二重の意味で誤りを含んだ記述になっている。

総合的学習に生かすべきは，このような「データ選択の妥当性」に関わる批判的な読解である。2017年学習指導要領では「情報の精査」が重視されている。2017年学習指導要領には，次のような記述がある。

　　情報を精査して考えを形成（総則・小中）
　　情報の信頼性の確かめ方を理解し使うこと（国語・中3）
　　文章を批判的に読みながら，文章に表れているものの見方や考え方について考えること（国語・中3）

　これまでの国語の授業は，書いてあることを理解するというレベルで終わる場合が圧倒的に多かった。しかし，2017年学習指導要領から大きく変わってきている。もともと情報を精査する，情報の信頼性を確かめることは，当然といえば当然のことである。批判的に読むというのも実はそれほど特別なことではない。そこに述べられている事柄は妥当か，その意見・主張・仮説に納得できるかできないかなどを重視しながら読むというのも当然のことである。
　子どもたちを主体的な学習者として育てていくためにも，情報の精査，批判的読解は必須である。そのように国語の授業が変わりつつある中で，総合的学習だけは情報の精査をしない，情報の信頼性を確かめることをしない，批判的に読むことをしないということだとすると，その方が大きな問題である。
　「データ選択の妥当性」への着目は，国語の授業，総合的学習の授業だけでなく，社会科の授業などすべての授業で是非必要なはずである。

b　算数・数学科の学力と「総合的な学習の時間」

　2017年学習指導要領の算数・数学の「内容」には次が位置付いた。

　　（Dデータの活用）目的に応じてデータを集めて分類整理し，データの特徴や傾向に着目し，代表値などを用いて問題の結論について判断するとともに，その妥当性について批判的に考察すること。（小6）
　　（Dデータの活用）標本調査の方法や結果を批判的に考察し表現すること。（中3）

画期的と言える。算数・数学ではデータの妥当性や方法を批判的に検討すること，またその力をつけることが必須となったのである。総合的学習でデータを扱うことは多い。このことを総合的学習で生かせないとしたら，総合的学習だけが遅れた学習を行っていることになる。

OECD の PISA（生徒の学習到達度調査）2003 年の「数学的リテラシー」問題に次のようなものがある（図6-1）。

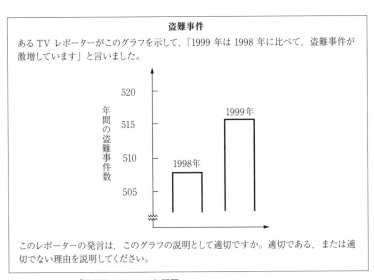

図6-1　PISAの「数学的リテラシー」問題

このデータを見て TV レポーターが「1999 年は 1998 年に比べて，盗難事件が激増しています」と述べた。その解釈が適切か適切でないかという問いである。また，その理由を答えることを要求している。データの解釈の妥当性を問う問題である。

1998 年と 1999 年の棒グラフを比べると，確かに 1999 年の棒グラフは，1998 年の棒グラフの 2 倍以上になっている。これを「激増」ということは妥当なのではないかとつい思ってしまいそうである。しかし，この言い方は適切ではない。適切でない理由の説明の仕方は 2 つある。

1 つは，グラフのあり方に関わって不適切である理由を説明する方法である。

縦軸が横軸と接する部分にギザギザの線がある。これは，だいたい 500 以下の数値を省略しているという意味である。データ提示の際に，こうやって共通部分を省略して差異を顕在化させるという方法はよく使われる。そのこと自体に問題はない。

しかし，ここではその省略のことを考慮しないまま棒グラフそのものの高さだけから「盗難事件が激増しています」と言ってしまっている。そこが問題である。だから，もし左下のギザギザの線の省略を復元して本来の棒グラフの形に戻せば，1998 年も 1999 年も高さに大きな違いがないことがわかるはずである。だから「激増」というのは妥当でないということになる。

もう 1 つは，数値を直接読み取りながら不適切である理由を説明する方法である。1998 年の盗難事件の総数はおおよそ 508 件である。それに対し 1999 年の盗難事件の総数はおおよそ 516 件である。ほぼ 8 件程度の差しかない。10 件～ 20 件程度の盗難事件総数であれば激増なのかもしれないが，ここでは 500 件を超えている中の約 8 件の増加である。それを激増というのには無理がある。

考えてみればそれほど難しい問題ではない。しかし，この問題の日本の完全正答率は 11.4％であった。OECD 平均の 15.4％より低い。

このように「データ解釈の妥当性」を批判的に見る力は，算数・数学だけでなく，総合的学習でもぜひ必要なものである。学習指導要領の算数・数学の「データの活用」中に「批判的に考察」が明記されたことをよい機会として，総合的学習でもその力を意識的に付けていく必要がある。

c　社会科の学力と「総合的な学習の時間」

2017 年学習指導要領の社会科では，残念ながら国語や算数・数学のように情報の精査や批判的検討という要素は明確には位置付けられなかった。せいぜいが「多面的，多角的に考察」くらいである。しかし，社会科でも本来は批判的な考察は必須のはずである。

例えば，さきほどの「日本の夏，ヨーロッパの夏」の批判的検討は，同時に社会科の地理の検討にもつながる。そういったつながりと同時に例えば歴史分野でもそういう検討が可能である。

歴史記述は，様々な取捨選択の中で成立している。歴史という現実が存在するわけではなく，一連の出来事を発話者が切り取り，取捨選択する中で「歴史」が生まれる。だから，ある出来事について，歴史は発話者の数だけ存在する。それは歴史だけでなく新聞記事などの「事実」全般について言えることである。そのことがわかると，子どもたちは総合的学習でリサーチする様々な資料や文献などを，より鋭く主体的に解読することができるようになる。それは，社会科の学力であると同時に総合的学習で育てるべき学力でもある。

　そういう力は，例えば歴史の教科書を読み比べすることで育ち身に付く。ここでは歴史教科書の中の沖縄戦を例に考えてみる。1945 年の沖縄戦をめぐる中学校の歴史教科書の記述を見ると，様々なことが見えてくる。

　次は A 社の中学校歴史教科書の沖縄戦の記述である。

（A）**戦場となった沖縄**　1945 年 3 月，アメリカ軍は沖縄への上陸作戦を開始しました。日本軍は，中学生や女学生をも兵士や看護婦として動員し，戦いました。そのいっぽうで，多くの住民は，砲弾が飛び交うなかを逃げまどいました。この**沖縄戦**により，県民のおよそ 4 分の 1 にあたる 12 万人の人が命を落としました。そのなかには，日本軍によって「集団自決」に追いこまれたり，スパイと疑われて殺害された人もありました。[*2]

　B 社の中学校歴史教科書は次のようになっている。

（B）**沖縄戦・原爆投下・ソ連の侵攻**　3 月末，アメリカ軍は沖縄に攻撃を開始し，沖縄戦が始まった。この戦いで沖縄県民にも多数の犠牲者がでた。日本軍はよく戦い，沖縄住民もよく協力した。（筆者注：以下は，ポツダム宣言，原爆投下等の記述であるため省略）[*3]

　A と B の記述を比べてみると，大きさ，事実の取捨選択がかなり違うことがわかる。

　また，次のような C 社の中学校歴史教科書もある。

（C）**戦場となった沖縄**　日本では，1945 年 3 月，アメリカ軍が沖縄に上陸しました。本土の「防壁」とされた沖縄では，中学生や女学生を含む多くの県民が，守備隊に配置されるなど，激しい戦闘に巻き込まれました。アメリカ軍の攻撃が続くなか，日本軍によって，集団で「自決」に追い込まれた人々もいました。6 月後半に，日本軍の組織的な抵抗は終わりましたが，戦闘は，日本が降伏したのちも 9 月 7 日まで散発的に続きました。この沖縄戦では，約 60 万人の県民のうち，死者が 12 万人に達しました。[*4]

　同じ歴史の「事実」でも，ここまで違いがある。A・B・C3 つを比べながら，特に事実の取捨選択という点を重視しながら検討してみたい。

　まず，A は「県民のおよそ 4 分の 1 にあたる 12 万人の人が命を落としました。」と，沖縄県民の死亡率と死亡者数を取り上げている。C も「約 60 万人の県民のうち，死者が 12 万人に達しました。」と同様のことを取り上げている。直接に割合は述べていないが，5 分の 1 と計算することはできる。（A の 4 分の 1 と C の 5 分の 1 の差異は，おそらく沖縄県民の県外への疎開がどれくらいの人数であったかが正確に把握できていないことによる可能性がある。県外疎開は行われていたが，アメリカ軍の攻撃で沈没する疎開船があったりして混乱があったようである。）それらに対して，B はその数値はまったく取り上げていない。

　ここで検討すべきは，この数値を取り上げることの意味である。県民の 4 分の 1 あるいは 5 分の 1 を示すことでどういうことが見えてくるのか。

　満州事変からアジア・太平洋戦争を通じての十五年戦争での日本国民全体の死亡者は約 310 万人である。当時の日本の人口は約 7,200 万人だから，日本全体の死亡率は約 4.3％である。もちろん 4.3％という死亡率でもたいへんなことである。しかし，沖縄については 20 〜 25％の死亡率と 5 倍〜 6 倍にもなる。老人から赤ちゃんまでを含めた全人口の 5 人に 1 人あるいは 4 人に 1 人が亡くなったということである。その異常さがわかる。

　次は，A の「日本軍によって『集団自決』に追いこまれたり」と「スパイと疑われて殺害された人もありました」について考えてみたい。A はこれら 2 つを選択しているが，C は「日本軍によって，集団で『自決』に追い込まれた

人々もいました」と日本軍による沖縄県民の殺害の事実は選択していない。B は，いずれも選択していない。

　沖縄戦では，死亡率と死亡者数，そして日本軍による集団自決の強要と住民殺害が持つ意味が重要である。軍隊は本来自国民を守るべきものである。しかし，その軍隊つまり日本軍がその役割を果たしていなかったことがわかる。また，果たしていなかっただけではなく，県民に「集団自決」を強要したり，さらには殺害まで行っていたことがわかる。

　沖縄戦は「本土決戦」までの時間稼ぎの「捨て石」という意味を持っていたことがわかっている。つまり，沖縄を守るためではなく，時間を稼げればよいという沖縄県民の犠牲を前提とした作戦であったことがわかる。日本軍の人命軽視，国民の命の軽視という大きな傾向に加えて，この戦いは沖縄県民の犠牲を前提とした行動であったことになる。だから，5分の1あるいは4分の1という異常な死亡率が生まれたのである。そして，そのままアメリカ軍に降伏すれば助かったはずの多くの命が「集団自決」の強要によって失われてしまっている。果ては日本軍が自国民を殺害するというありえない出来事まで生まれている。これは決して偶然，偶発的な出来事ではない。

　さらに見ていくとCには「中学生や女学生を含む多くの県民が，守備隊に配置されるなど，激しい戦闘に巻き込まれました。」という記述がある。それに対応する部分としてAは「日本軍は，中学生や女学生をも兵士や看護婦として動員し，戦いました。」とあり，Bは「日本軍はよく戦い，沖縄住民もよく協力した。」とある。「中学生や女学生」と「沖縄住民」の違いはあるが，「戦闘に巻き込まれました」「動員」「協力した」ではかなりの差異がある。特にCの「巻き込まれました」とBの「協力した」は大きく違う。

　これをどう見るか。いずれかが虚偽の事実を述べているのではなく，「巻き込まれました」と「協力した」はともに出来事としてはあったはずである。全員ではないとしても沖縄県民の中に協力するという気持で戦闘に参加していた人たちは確かにいた。しかし，そういう人たちがいたとしても別の視点から見ると，巻き込まれていたと見ることができる。事実のどの側面を選択するかの違いである。

E・H・カーは「歴史というのは現在の眼を通して，現在の問題に照らして過去を見る所に成り立つものであり，歴史家の主たる仕事は記録することではなく，評価することである」と述べている。さらに「歴史とは」「現在と過去との間の尽きることを知らぬ対話なのであります」とも述べる[*5]。とすると，自国民を守るべき軍隊が，文民統制が機能しない中で自国民を犠牲にしたり，さらには殺害したりすることがあるのだということを認識しておくことは，「現在の問題に照らして」また未来の問題に照らしても重要なはずである。

　歴史の事実をどのように取捨選択するかは，書き手（教科書執筆者・編集者）のものの見方・考え方による。「歴史」や「事実」は取捨選択されたものであり，その裏には書き手のものの見方・考え方が存在するということを，まずは社会科のそして総合的学習の学力として子どもたちに身に付けさせていく必要がある。その上で「取捨選択がもつ意味を解読」し，「取捨選択の妥当性を主体的に判断・評価」することの重要性を認識させていくことが求められる。そのためには一定のリサーチも必要だろうし，「判断・評価の方法」の学習も必要となる。それらを含め社会科そして総合的学習の学力である。

　授業で，いずれの記述が妥当かを子どもたち一人ひとりが主体的に評価し判断することが大切である。ただし，もちろん評価・判断は一人ひとりの子どもによって違ってよい。

3.「総合的な学習の時間」で育て身につけさせるべき学力の具体化

　子どもたちの活動場面が多い総合的学習では，その授業その単元で育て身に付けさせるべき学力を強く明確にてそして具体的に教師が認識していないと，容易に「活動あって学びなし」の活動主義に陥る。

　活動主義に陥ることなく子どもたちに確かで豊かな学力を育てるためには，その総合的学習の単元・授業でこういう学力を間違いなく育て身に付けさせるという明確な「目標」（ねらい）を意識することが鍵となる。総合的学習の目標は，「～の大切さに気付く。」「～の理解を深める。」「考えを広げることができ

る。」「自分でできることを考える。」などの形で設定されることが多い。しかし，このレベルの目標だけだと到達点が曖昧なままになる可能性が高い。仮にそういう要素を位置付けたとしても，同時により具体的な学力を明示する必要がある。その際に，まずはその総合的学習で，各教科に位置付く学力をどう育てるかを重視することが求められる。その上で汎教科的な学力を位置付ける。

　仮に「課題を発見する」「まとめて表現する」「効果的な伝え方を学ぶ」などの目標を設定している場合でも，もっと具体的な下位の目標を設定しなければならない。たとえば次のような目標が求められる。

①「○○に関する有用な資料・文献をインターネットや図書館の検索機能を使いながら見つけだす力を付ける」
　→「そのために，Ａどういう情報が○○の解明には必要かを見つける方法，Ｂそのために検索機能をどう使いこなすかのスキルを学ぶ」
　これは，国語科，技術・家庭科，高校では情報とも関わる総合的学習の目標例である。
②「○○について複数の資料の優れた点と問題点を発見する力を身に付ける」
　→「そのために資料データの取捨選択や提示の仕方の妥当性を検討する方法を学ぶ」
　これは，国語科，算数・数学科，さらには事実の選択という点では社会科とも関わる総合的学習の目標例である。
③「○○についての自分の評価を説得力をもって述べる方法を身に付ける」
　→「そのために評価の根拠となる事柄を効果的に引用する手法を学ぶ」
　これは，国語科と深く関わる総合的学習の目標例である。

　これらは，国語科の学力，算数・数学科の学力とも深く関わる。また，教科を超えた汎教科的要素も含まれる。2017年学習指導要領の総合的学習では「比較する，分類する，関連付ける」が例示されているが，そういう要素をより具体に即して目標に位置付けることも有効である。
　また，本稿の「2」で検討したような批判的思考力（批判的読解力や批判的表

現力を含む）も目標に意識的に位置付ける必要がある。2017年学習指導要領の総合的学習で重視されている「探究的な学習」を展開するためにも，また「探究的な見方・考え方」を働かせるためにも，批判的思考力は必須となるはずである（そのことが学習指導要領「総合的な学習の時間」の記述に明記されていないのは残念である）。

　最後に，総合的学習を各教科の学力を育てる場としてより積極的に生かすという観点について述べたい。すでに引用したとおり，学習指導要領の各教科と総合的学習との関係は，各教科で学んだことを総合的学習で生かす，または応用するという方向が主なものであった。それはそれで妥当なことではある。しかし，もう一方でそれを逆向きにして考えるということがあってもよいはずである。各教科で学んだことを，総合的学習でより深化させる，発展させる，あるいはより習熟させるという形である。

　確かに，それはすでに行われている各教科で学んだことを総合的学習で生かす中で行われているとも言える。しかし，それは結果としてそうなったのであって，総合的学習においてその教科のその学力を確かに深化させる，発展させるという戦略的なねらいがあって行われている場合は少ない。もっとその教科のその学習のために総合的学習を積極的に使わせてもらうというしたたかな企みがあってもよいはずである。

　各教科の学びの深化，発展，習熟をより積極的・具体的に総合的学習で実現するという観点である。各教科が，そういう形で総合的学習と結び付くということも今後は重要になってくる。

引用文献

*1 倉嶋厚「日本の夏，ヨーロッパの夏」小学校国語教科書『ひろがる言葉　小学国語　5上』教育出版，2002年
*2 中学校歴史教科書『中学校　社会　歴史』日本文教出版，2020年
*3 中学校歴史教科書『新しい歴史教科書』自由社，2020年
*4 中学校歴史教科書『中学社会　歴史　未来をひらく』教育出版，2020年
*5 カー，E. H. 著，清水幾太郎訳『歴史とは何か』岩波書店，1962年

第 2 部　実践編

7章

小学校の実践事例（1）現代的な諸課題型
——秋田大学教育文化学部附属小学校「はばたき学習」

1. 学校紹介と実践例の背景と意義

a 学校紹介

明治7（1874）年設立の秋田大学教育文化学部附属小学校は，学校の教育目標である「自律」した児童の姿を目指して教育活動に取り組んでいる。附属四校園が同じ敷地内にある利点を活かし，幼少，小中，小特の様々な連携活動を行っている。特に，“よく知る”“つながる”“バリアフリー”をキーワードにした障害理解学習「よつば学習」を，附属特別支援学校と連携して進めており，共生社会の形成に向け，障害者理解を推進し，交流の充実を図りながら子どもたちの意識や学習意欲の向上を目指している。

「自律」という学校教育目標を具現化していくため，平成30（2018）年度より，研究主題である「自律した学習者を育てる」，そして研究副題である「学びをつなぎ資質・能力を高める」のもと，授業改善に取り組んでいる。

本研究を通して育成を目指す「自律した学習者」とは，自分自身の学びを省察し，自ら設定した目標に向け必要な学習内容や方法を決定し，学び続けていく学習者である。具体的には，「何を（学習内容）」「どのように学び（学習方法）」「どう活かすのか（学習の目的）」を自覚し，自分の学習状況に応じて効果的に学習を進め，自ら学び続けることができる学習者である。

自律した学習者となるためには，自らの現状を正しく分析し目標を設定する

力，多様な学習方法を身に付け状況に応じて適切なものを選択し用いる力，そして目標に照らして達成状況を吟味し学習方法をよりよいものへと修正していく力が必要となる。こうした学ぶ力としての学力を高めることで，自分自身の学習の質を高めるために積極的に学習過程に関与する主体的な学びが可能になるものと考える。

そして，学ぶ力を高めるための鍵となるのが**省察**である。学んだ内容や過程，用いた方法を自問する省察は，深い学びを促す上で鍵を握る活動である。この省察と学習活動の往還を通して，これまで学んだことをもとに，よりよい学びを探究し，これからの学びへとつなげることで資質・能力を洗練・拡充していく子どもの姿を実現することができると考える。

b 実践例の背景と意義

1) はばたき学習部（総合的な学習の時間）の実践・研究テーマ

研究主題を踏まえ，はばたき学習部では「**自ら見いだした課題を，よりよい解決方法を用いて探究し，対象の本質に迫る子どもを育む学び**」というテーマを設定し，実践・研究に取り組んだ。

研究主題の「自律した学習者」を，「実生活や実社会の中から課題を見いだし，よりよい解決に向けて主体的・協働的に学習に取り組む子ども」と捉えた。そして，研究副題「学びをつなぎ資質・能力を高める」を受け，はばたき学習における「学びをつなぎ，資質・能力を高めていく子どもの姿」を次のように捉えた。

(1) 「人・もの・こと」と関わりながら，予想や理想などと現実との「ずれ」に気付き，自ら課題を見いだしていく姿

(2) 探究的な学習の過程において，よりよい解決方法を考えたり，選択したりしながら主体的・協働的に課題の解決を目指していく姿

(3) 対象や解決方法について学んだことを自分の言葉で意味付け，次なる学びに活かす姿

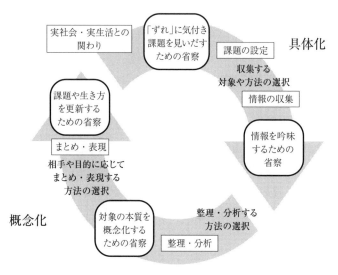

図7-1 総合的学習の学習過程

　このような子どもの姿を目指し設定したのが，はばたき学習部の研究テーマ「自ら見いだした課題を，よりよい解決方法を用いて探究し，対象の本質に迫る子どもを育む学び」である。前段の「自ら見いだした課題を」とは，前述(1) の子どもの姿を，後段の「よりよい解決方法を用いて探究し，対象の本質に迫る」の部分は，(2)(3) の姿を想定したものである。

　総合的な学習の時間（以下，「総合的学習」と略記）における自律した学習者の学習過程を示したものが図 7-1 である。総合的学習では，子ども自ら課題を設定し，子ども自身が課題解決の目的や意義を明確に捉えていることが欠かせない。そのためには，これまで抱いていた学習対象となる「人・もの・こと」に対する考えや理想と，直接関わり合う中で見いだした現実との「ずれ」を自覚できるよう工夫する必要がある。そして，対象との出会いから子どもが課題を見いだし，解決方法や手順を考えていく過程で，自ら選択し，判断していく場面を保障することが重要である。

　探究的な学習の過程においては，自らの知識や技能，様々な学習で身に付けてきた「見方・考え方」等を総合的に働かせながら，情報を収集・吟味したり，

整理・分析したりする姿が望まれる。その際に大切になってくるのは，他者と協働して課題を解決しようとする態度である。共に学習する仲間だけでなく，他の学級あるいは学校全体，さらには，地域の人々，専門家，文化的背景や立場・意見等の異なる人々といった多様な他者と双方向の交流を行い，フィードバックを得ることで，多様な情報を活用したり，異なる視点から考えたりする力を育んでいく。

このような「人・もの・こと」と関わり合いながら探究的な学習を進める中で子どもは，自分にとって対象が持つ意味を具体的に見いだしたり，学んだことの価値を考え直し概念化を図ったりする場面に直面する。探究を通して，自分にとっての答えとしての概念をつくり直したり，自らの考えや生き方を見つめ直したりする活動こそ，総合的学習特有の省察と言える。

今年度の実践では，実社会や実生活から自ら課題を見いだし，自ら選択した方法を用いて探究していく中で，物事の本質に迫ろうとする子どもの姿を目指して，次の2つの重点を設定し，実践・研究に取り組んだ。

2) 研究の重点

(1) 探究的な学習過程の質を高める効果的な省察の手立ての工夫

「課題の設定」→「情報の収集」→「整理・分析」→「まとめ・表現」といった一連の探究的な学習過程を自覚的に進めることができるように，「なぜ追究するのか」「何を明らかにしようとしているのか」「どの方法が有効なのか」といった視点から目的・内容・方法を，じっくり見つめ直す省察の時間を子ども一人ひとりに十分に保障していく。省察の場面では，対象や他者との「対話」から得られたフィードバックをもとに，そこから得た気付きを自分の言葉で意味付け，更新していく活動を重視する。多様な視点や方法を用いて対象や学習過程について考えることにより，新たな気付きやよりよい解決方法を見いだすことができるものと考える。

(2) 課題解決に用いる「見方・考え方」を選択し，自覚的に用いる力を高める単元構成の工夫

子ども自身が課題解決の際に用いる「見方・考え方」を選択し，省察を踏まえて，よりよい学習計画や方法を見いだしていく姿勢を重視していく。

そのためには，課題の見付け方やつくり方，目的に応じた情報の集め方や調べ方，整理・分析の仕方，まとめ方や表現の仕方，報告や発表・討論の仕方などを考える場面で，適切な選択肢を示したり，試しに使ってみたりする活動を位置付けることが重要となる。

各教科等の学習経験を想起しながら，比較する・分類する・関連付ける・類推するといった「見方・考え方」を友達や教師と共に実際に使ってみる中で，課題や自分に合った方法を，子ども一人ひとりがじっくりと時間をかけて見いだすことができるように，単元を構成していく。

b　全体計画

図7-2を参照。

2．実践例（第6学年）

単元名　つなげようよつばの心　広げようともだちⅣ

**　　　　　　　　　～Part3　みんなに伝えよう学ぶ楽しさ～**

a　子どもについて

子どもたちは4年生の総合的学習において高齢者や障害のある人の生活について疑似体験やインタビューを通して学んできている。また，秋田大学教育文化学部附属特別支援学校の子どもたちとの交流や，平成29（2017）年度から継続して取り組んでいる障害者理解にかかわる学習（よつば学習Ⅰ～Ⅲ）を通して，一人ひとりの違いを知ることの大切さや，社会参加を困難にしている物理的，制度的，文化・情報的，心理的バリアという「4つのバリア」について学習し，交流の場面で相手の立場に立って考えようとする姿が見られるようになりつつある。

このように，お互いの個性や違いを分かり合おうとする態度面では高まりが見られるものの，その違いを乗り越え共に活動していくための具体的な方法を考えたり，行動に表したりするという点では意図が伝わらず戸惑う姿もあり課

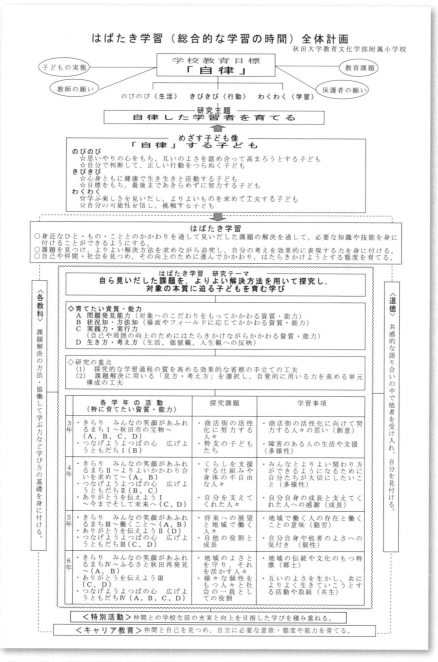

図7-2 総合的学習全体計画（よつば学習）

題が見られる。卒業プロジェクトに向けたアンケートでは「自分の好きな教科等を学ぶ楽しさを伝えたい」「学校のリーダーとしてみんなが楽しめる活動をつくり上げたい」という意見が多く見られた。自分たちが学んだことの価値や意味をみんなに広げ，未来へとつなげたいという子どもたちの願いを実現していくためにも，お互いの個性や違いから生じる課題を解決し，よりよい活動へと改善していく力を高めていくことが必要である。

b　単元について

　本単元では，共生社会で求められる**「仲間のよさを見付け，互いの知恵や自他の学びの成果を活かしながら活動する」**という資質・能力を，継続的に育むことを目指す。小学校学習指導要領総則編でも障害のある幼児児童生徒との交流および共同学習は「同じ社会に生きる人間として，お互いを正しく理解し，共に助け合い，支え合って生きていくことの大切さを学ぶ場」として位置付けられている。そこで，本単元では子どもたちがよつば学習や交流を通して学ん**だ相手の個性や願いを知り，自分と共通する点や異なる点を踏まえて，共に活動するためによりよい方法を見いだすという「見方・考え方」**を，普段の学習や生活の場面で意識化し，実際に用いる経験を積み重ねていくことを重視し，学習活動を構成した。

　上記の「見方・考え方」を様々な場面で用いて，「みんなが楽しい」活動をデザインすることができるように，働きかける対象を変えながら，友達や教師と一緒に使ってみる経験を重ね，習熟を図ることができるよう年間を通して継続的に活動を設定した。

　1学期のPart1では，1年生や，全校縦割りグループ，弘前大附属小学校の子どもたちとの交流，特別支援学校の子どもたちとの共同学習と関連を図り，「みんなが楽しめる」ために必要な条件を見いだすことができるようにした。2学期に行ったPart2では，特別支援学校の子どもたちを招待してのスタンプラリーや，はとの子運動会と関連を図り，学んだことを活かす場を設定した。3学期のPart3では，卒業に向けたプロジェクトとして6年間の学習を通して自分たちが感じた各教科等を「学ぶ楽しさ」を，在校生に伝える活動を行った。

このように段階的に1年生から特別支援学校の子どもたち，全校へと「みんな」の枠を広げ，多様な他者と繰り返し関わり共に活動する中で「できることとできにくいことがあること」，「支援すべきことと支援しなくてよいことがあること」を体験的に理解することができるように活動を構成した。また，経験から得た教訓を次の活動に活かすことができるように，活動の節目に省察を位置付けた。

c　指導について

　単元の導入では，各教科等を「学ぶ楽しさをみんなに伝えたい」という自分たちの願いと，現実の相手の反応との「ずれ」に着目し，だれもが参加できる活動をつくり上げる難しさに気付くことができるようにした。必要感が高まったところで，課題を解決するために必要な視点として，よつば学習で学んだ「4つのバリア」の視点から活動を見つめ直す場を設定した。「4つのバリア」がないかという視点から，これまで自分たちが企画・運営してきた活動を振り返り，改善点を捉えることができるようにした。

　「みんなで楽しめる」活動や学習をつくり上げていくためには，多様な他者との違いを知り，その違いを乗り越えていく方法や支援を見いだしていくことが必要となる。その起点となるのは，実際に関わりよりよい活動を探究していく中で生じる「なぜ相手は自分と違う行動を取るのか」「違いを乗り越えるために自分ができることは何か」といった問いである。

　単元の展開部では，この問いをもとに，相手の特徴や困り感を具体的に知り，どのような工夫をすることによって課題を解決し，互いの願いが叶う「みんなが楽しい」場をつくり上げていくことができるのか考え，個々の経験をもとに話合い，改善していくことができるようにした。また，自分や相手の個性を活かした，よりよい解決方法を選択することができるように，友だちや特別支援学校の先生が用いた方法をモデルとして提示したり，効果的な関わり方の共通点を考えたりする活動を設定した。

　単元の終末では，こうした学習経験を振り返り，「様々な個性を持つ人々が共に生きていける共生社会をつくり上げていくために自分ができることは何か」という問いに対して，具体的な事実をもとに自分の考えを述べることがで

きるようにした。

d 単元の目標

(1) これまでの各教科等の学習経験や交流活動の経験をもとに，みんなに学ぶ楽しさを伝える活動計画を立て，バリアフリーの視点から問題点を見つけ改善していくことができる。

(2) 自分の願いと実際の活動の様子の差異に着目し，みんなが参加できる活動にする上で障害となっているものや，共に活動するためのよりよい方法について考えることができる。

(3) みんなが楽しく参加できる活動にするために，必要な工夫や自分ができることを考え，行動しようとしている。

e 単元の構想

図 7-3 を参照。

f 授業の実際

総合的学習においては，探究的な学習を通して，自分なりの答えとしての概念を形成していくことが最も重要である。そこで，本単元では，経験から学んだことを自分の言葉で表す活動を節目節目に位置付けた。

1) 単元の導入（第1～2時）

卒業プロジェクトに向け，子どもたちは「自分の好きな教科等を学ぶ楽しさを在校生に伝えたい」という願いを持っていた。そこで，「何を伝えたいのか」を明確にしていく活動を設定した。まず，これまでの学習を振り返り，学ぶ楽しさを味わった瞬間について話合うことから始めた。子どもたちからは，「分からないことが分かるようになったとき」「課題を達成できたとき」「みんなと意見を出し合い1つのものをつくり上げたとき」「苦手な教科の楽しさを見つけたとき」といった意見が出された。

次に，みんなに学ぶ楽しさを伝えたい教科を選択し，**どんな楽しさを伝えた**

単元の構想（総時数15時間）　　※選択・決定を通して自律的に学習を進めるための支援

> きらり　みんなの笑顔があふれる　まちⅡ～みんなが笑顔になるためによりよい関わり合いを求めて～（4年）
> ともに支え合って～『つながり』から『関わり合い』へ～（5年）
> つなげようよつばの心　広げようともだちⅣ　Part1&2（6年）

◎本単元で育む主な資質・能力　仲間のよさを見つけ、互いの知恵や自他の学びの成果を生かしながら活動する。

○本単元の学習活動で働かせる主な「見方・考え方」　相手の個性や願いを知り、自分と共通する点や異なる点を踏まえて、共に活動するためによりよい方法を見いだす。

時間	学習活動（・予想される子どもの姿）	教師の主な支援	評価（本校の資質・能力との関連）
1	(1)　これまでの学習を振り返り学ぶ楽しさを味わった瞬間について話し合う。 ・自分の言いたいことにぴったりの言葉が見つかったときが楽しい。	・6年間の学習を振り返り，どんな瞬間に学ぶ楽しさを感じたのか具体的な経験を基に話し合う場を設定する。 ・**自分や友だちが感じた学ぶ楽しさを基に，みんなによさを紹介したい教科等を選択する場を設定する。**	・自分や友だちのこれまでの学習経験を基に，追究したい課題を設定している。
2	(2)　自分の好きな教科等を学ぶ楽しさを伝えるための計画を立てる。 ・言葉を選ぶ楽しさを味わえる活動にしよう。	・自分の好きな教科等のどんな楽しさを，どのように伝えるのか，教科等毎のグループで活動案を出し合い大まかな見通しをもつことができるようにする。	
	┌── 学習課題 ────── 　○○を学ぶ楽しさをみんなに伝えよう。		
3 4 5 6 **本時** 7 8 9 10 11 12 13 14	(3)　みんなが学ぶ楽しさを味わえる活動を考え，改善しながら各学年と交流する。 ・風景を描写する言葉を選ぶ活動にしよう。 ・函館の風景写真を用意しよう。 ・シミュレーションしてみたけど，説明がうまく伝わらないな。 ・図を見せた方がいいと言われたけどどうすればいいかな。 ・1年生には，図よりも実際にやってみせたほうが伝わりそうだ。 ・問題の難しさも選べるようにしよう。	・みんなが楽しめる活動か確かめることができるように4つのバリアの視点を示す。 ・必要に応じて適切な支援ができるように，相手の反応に着目し，困難を感じている瞬間を見逃さないよう助言する。 ・**様々な人の視点から課題や改善策を検討することができるように，各学年と5回に分けて活動を行い，具体的な経験をから得た学びを交流する場を設定する。** ・**相手意識をもって適切な改善策を選択することができるように「どんな人のどんな困り感を解消しようとしているのか」を問う。**	・みんなが参加できる活動にする上で障害となっているものを見いだし，乗り越えるための工夫を考えている。 ・みんなが学ぶ楽しさを味わうことができるようにするためのよりよい方法やはたらきかけ方を試しながら，活動に取り組んでいる。
15	(4)　Part1～3までの活動を振り返り，みんなが共に生きていくためにできることを自分の言葉でまとめる。 ・相手を知ることが一番大切だと僕は思う。	・効果的だった工夫や支援とその理由を振り返る場を設けた上で，なぜそうした支援ができるようになったのかを考え，学んだことの価値に気付くことができるようにする。	・これまでの交流活動を振り返り，みんなが共に生きるために大切なことについてまとめている。

ありがとうを伝えようⅢ

図7-3　単元の構想

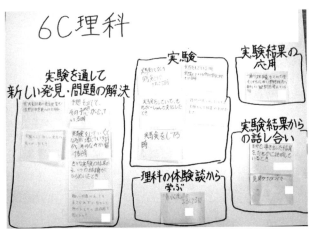

図7-4　伝えたい楽しさをグルーピングし整理する

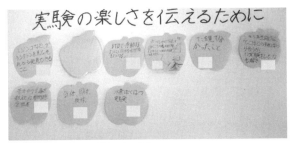

図7-5　伝えるための活動を出し合う

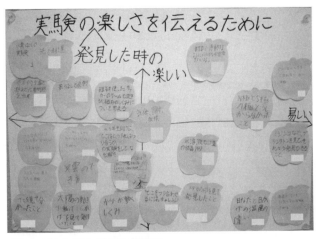

図7-6　楽しさを伝える活動を分類する

いのかという点について付箋紙をグルーピングしながら話合いを行った（図7-4）。次に、**その楽しさをどのように伝えるのか**という点について話合い、活動内容を具体化していった（図7-5）。左に示した理科グループの記録の見出し部分を見ても分かるように、はじめはあいまいだった教科の楽しさが、何度も言語化し、話合う中で「発見したときの楽しさ」へと焦点化されている。また、楽しさが明確になると同時に、活動案も具体化し、増加していることが分かる。

さらに、たくさんの活動案を「楽しい」「易しい」という2つの軸で分類することで（図7-6）、1年生から5年生それぞれに合った楽しさを伝える活動を選択していくことができるようにした。その結果、各学年に応じた適切な活動を自分たちの手で見いだし、今後の活動への見通しを持つことができた。

2）単元の展開（第3〜14時）

教科ごとに大まかな活動計画ができたところで、「みんなが楽しめる」活動になっているか確かめることができるように、「よつば学習」で学んだ「4つのバリア」の視点から計画を見直す活動を位置付けた（図7-7）。

その結果、子どもたちは、これまで6年生として企画・運営してきた交流や特別活動、行事での経験を振り返りながら、「みんなが楽しめる活動にする条件」として以下の4つを見いだしていった。

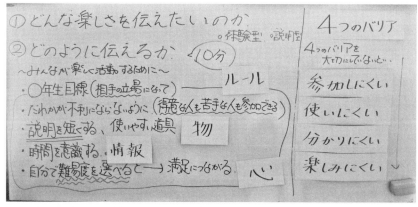

図7-7　「4つのバリア」の視点から活動計画を見直す

図7-8 シミュレーションを行い活動を見直す

- ・ 得意な人も苦手な人も参加できる。(制度的なバリアの克服)
- ・ 使いやすい道具を使う。(物理的なバリアの克服)
- ・ 説明を短くする。(情報のバリアの克服)
- ・ 相手の立場に立って考える。自分で難易度を選べるようにする。(心理的なバリアの克服)

　これらの視点を意識しながら，探究的に「みんなが楽しめる」活動をつくり上げていくことができるように，今回の単元では，5回に分けて1年生から5年生まで交流する場を設けた。

　最初の交流相手となる1年生に向けた準備を進めていた8時間目。自分たちの考えた活動に潜むバリアを捉えることができるように，他のクラスの児童を1年生に見立て，活動を行ってみるシミュレーションの場を設けた。

　目の前で行われる活動という具体をもとに，1年生の立場から見つめ直すことで，子どもたちは参加の障壁となる要因や，参加しやすくする工夫を見いだすことができた（図7-8）。

　また，事前に1年生と交流した他のクラスの児童も参加し，話し合う場を設けることで，具体的かつ多様な視点から情報が得ることができた。

　その結果，授業の後半ではシミュレーションで指摘された課題や，「4つのバリア」の視点から自分たちの活動を見つめ直し，改善策をシートに書き込む

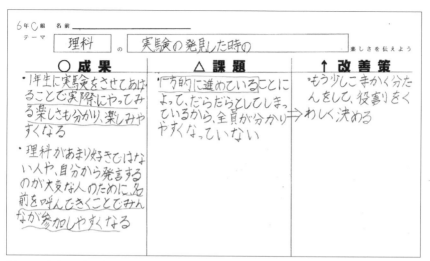

6年○組　名前 ＿＿＿＿＿＿＿

テーマ　｜　理科　｜の｜　実験の発見した時の　　｜ 楽しさを伝えよう

○ 成　果	△ 課　題	↑ 改　善　策
・1年生に実験をさせてあげることで実際にやってみる楽しさも分かり、楽しみやすくなる　・理科があまり好きではない人や、自分から発言するのが大変な人のために、名前を呼んできくことでみんなが参加しやすくなる	・一方的に進めていることによって、だらだらとしてしまっているから、全員が分かりやすくなっていない	・もう少しこまかく分たんをして、役割をくわしく決める

図7-9　1年生との交流後の振り返りシート

姿が見られた。また，考えた改善策を試したり，比較検討したりする姿が見られた。

その後も，各学年との交流を終える度に，図7-9のようなシートを用いて省察を行った。思い描いていた予想と，実際の相手の反応を比較検討しながら，成果と課題を明らかにし，子どもたちは何度も何度も修正を重ね

図7-10　相手に応じて活動を進める

ていった。数多くの失敗や間違いを糧としながら，改善策を考え修正していく中で，子どもたちは「相手のやりたいことを聞く」「ゆっくり丁寧に具体的に説明する」「相手の反応を見ながら進める」「相手のペースに合わせる」といった「みんなが楽しめる」活動にするために必要な関わり方のポイントを見いだしていった（図7-10）。

このように，各学年に応じた計画を考え，交流し，振り返り，改善する，という

サイクルを何度も繰り返す中で，子どもたちは活動の質を高める具体的な方法を考えたり，相手に応じて行動したりすることが徐々にできるようになっていった。

3) 単元の終末（第15時）

　単元の終末では，「みんな」が共に楽しく活動し，生きていくために大切なことは何かという視点から，これまでの学習経験を振り返る活動を行った。話合いの中で子どもたちからは「周りを見て，声をかける」「相手の立場に立って考える」「相手の考えを尊重する」「その人が分かりやすいように説明する」「一人一人の役割が必ずあるようにすることが大切」といった意見が出された。これらの意見こそ，子どもたちが経験から見いだした「共生社会」をつくり上げていくための「自分なりの答え」であると言える。

3. 成果と課題

a　成果

1) 探究的な学習過程の質を高める省察場面の明確化

　今回は，「探究的な学習過程のどこに省察を位置付けることが，学びの質を高めることにつながるのか」という問いをもとに，実践に取り組んだ。障害者理解に関わる学習（よつば学習）と関連を図りながら，交流や体験の前後にシミュレーションや，「対話」を通した協働的な省察を位置付けたことが，整理・分析の質を高め，相手とよりよい関わりをするためのポイントを概念化していくことにつながった。

　また，まとめ・表現の過程では学ぶ楽しさをだれに対して・どのように伝えるかという目的を意識しながら，内容・方法について省察を行うことが質の高まりにつながった。今年度の実践から見えてきた探究的な学習過程の質を高める省察を整理したものが以下の4つである。

・予想や理想と現実との「ずれ」に気付き課題を見いだすための省察

・多様な方法で収集した中から必要な情報を吟味するための省察

> ・整理・分析しながら対象の本質を概念化するための省察
> ・学びの成果を踏まえて課題や生き方を更新するための省察

　また，上記いずれの場面でも，個人的な省察と，「対話」を通した協働的な省察を効果的に位置付けることが非常に有効であった。

2) 試行し修正しながら探究し続けることのできる単元構成

　探究的な学習過程は本質的に試行錯誤を伴うものである。なぜなら「本当に追究したい課題」「よりよい解決方法」「より効果的な表現」といったものはいずれも"実際にやってみる"中で得られるフィードバックがあって初めて見いだすことができるからである。

　だからこそ，総合的な学習においては子どもたちが存分に"失敗できる"場を保障した単元構成が必要となる。本実践では，全校のみんなに学ぶ楽しさを伝えるために，各学年と計5回にわたり交流する場を設けたことで，失敗の中から教訓を見いだし，本当に伝えたいことやよりよい方法を見いだしていく子どもの姿が見られた。

　総合的な学習の時間では，各教科等における「見方・考え方」を総合的に活用し，多様な角度から俯瞰して捉え，問い続けることが求められる。だからこそ，「課題の設定」「情報の収集」「整理・分析」「まとめ・表現」という4つのプロセスを存分に往還し，経験の中から，自分にとって価値あるものを見いだすことができる単元構成とすることが肝要であると考える。

b　課題

適切な方法を選択し自覚的に用いながら，課題解決に取り組む力を高める支援

　令和2（2020）年度は，課題解決に用いる「見方・考え方」を選択し，自覚的に用いる力を高めることを目指し，実践に取り組んだ。探究の各過程で，発達段階に応じた多様な方法の中から選択して用いる活動を位置付け，課題解決に取り組んだものの，子ども一人ひとりが目的や自分に合った「適切な」方法を，自覚的に用いながら，課題解決に取り組むという点では課題が残った。

その原因としては，シミュレーションと実際の場面との違いを検証する活動や，状況に応じて適切な方法を再選択する機会が不足していたことが考えられる。こうした課題を改善していくことは，子どもたちがよりよく課題を解決する資質・能力を高めることに直結するものである。省察と関連付け，各教科等の学習で学んだ中から，より効果的な方法を選択していく子どもの姿を目指し，今後の実践に取り組みたい。

8章

小学校の実践事例 (2) 地域課題解決型
——岩手県滝沢市立柳沢小学校「総合的学習」

1. 学校紹介と実践の背景・意義

a　学校紹介

　岩手県滝沢市立柳沢小学校は全校児童 25 名の小規模校である。中学校との併設校であり，近くには岩手山登山口「馬返し」がある。

　歴史は古く，今年は岩手山神社を分教場としてから 112 年目を迎える。開校 100 年を記念し，平成 19 (2007) 年には地域の方々により，宮沢賢治が柳沢を舞台にして書いた童話『気のいい火山弾』の文学碑が建てられた。戦後開拓が進む最中，昭和 28 年に柳沢小学校・中学校として独立し，校歌もつくられている。

　学区には畑や牧草地が広がっているが，岩大工法（水田の底やあぜの土を，一度，機械で細かく砕いてから，ブルドーザーで押し固める方法。岩手大学で考案され，全国各地の水田開発に取り入れられた）を用いてつくられた田圃もある（2018 年現在）。

　米・野菜などの農業経営，肉牛・乳牛などの牧場経営等，第一次産業に従事する家庭が多いが，その後継者が不足し，少子高齢化の中での地域の産業の衰退にどのように対応するかが地域の大きな課題である。

b　実践例の背景と意義

　本校は「総合的な学習の時間」（以下，「総合的学習」と略記）が創設された翌

年に，総合的学習を主題研究の柱とし，実践を重ねてきた歴史がある。2018年度，その当時の資料を基に総合的な学習の全体計画を見直し，地域学習を中心に学習を進めている。

　地域学習を進めることにした理由は，以下の2点である。

　1つ目は，「子どもたちが地域を知ることは，自身の将来に大きな影響を与える」との考えからである。子どもたちが設定する地域にかかわる課題はグローバルな課題と結びついていくと思われる。様々な地域課題を解決するためには，まず地域を学ぶことが大切であり，地域を学ぶことで世界とつながる学びを展開できると考える。

　2つ目は，地域という身近な対象があることで体験したり，調べたりすることがしやすいからである。地域の自然・産業・文化・歴史，そこに住む人々と「かかわる」ことで，様々な気付きを持ち，追究活動を豊かに展開することができる。

　筆者は柳沢小学校に勤めて3年目であったが，以上の理由から総合的学習では地域学習を中心に進めてきている。

　柳沢小の子どもたちは，保護者やその先代から築き上げてきた地域の開拓の苦労と，地域の生業の歴史をほとんど知らず，地域や先代からの仕事にかける思いや土地への愛着も持ち得ていない実態がうかがえる。親や先代からの仕事を引き継ぐか否かにかかわらず，まずは，ふるさとの開拓の歴史を学ぶことが出発点と考えた。

　子どもたちが，ふるさとへの思いや願いを見つめ直し，自己の生き方や，ふるさとの将来の創造へ，さらには地域を超えるグローバルな課題へとつなげ，子どもたち自身が自立し，将来の社会を創造できる主体に育つことをめざし，まずは総合的学習において，地域の開拓の歴史を学習することを内容にした。

2. 具体的な実践の内容紹介

a　全体計画を含めた実践の概要

　平成30（2018）年度は5・6年複式学級を持つことになった。5年生4名，6

図8-1　柳沢小学校総合的な学習の時間：全体計画

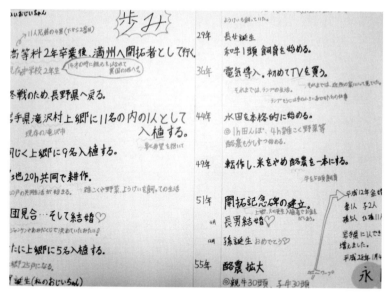

図8-2　開拓の年表

年生6名の担任である。1学期の総合的学習では，地域の自然と防災について学習してきた。1学期の終わりにまとめのウェビング（1つのキーワードからつながりのあることがらをつないでいく手法）をした際，「開拓」という言葉に反応した子どもから「開拓について自分たちはあまり知らないし，知りたい。」という感想が出てきた。そこで，2学期の総合では，地域の開拓について調べることにした。全体計画は以下の通りである（図8-1参照）。

　夏休みが明けると1人の子どもが，「A家の開拓の歩み」とテーマを設定し，自由研究に取り組んできた。まぎれもなく，開拓の歴史である（図8-2参照）。

　「これを2学期の総合で調べるつもりだった」子どもに先を越されてしまった感があった。しかし，興味を持ち，調べてくれたことがとても嬉しくもあった。

　この自由研究のまとめには，祖父に向けたメッセージが書かれていた（図8-3参照）。

　子どもたちが，地域の自然・歴史・文化・産業を知ることは，大切な学習で

ある。ただ，調べることは容易ではない。幸い，校長室に開拓の歴史が書かれている資料が眠っていた。学校長からは，「これらの資料を眠ったままにしておくのはもったいない。空き教室を資料館として活用し，子どもたちや保護者，地域の方々にも見ていただけるようにしたい」と相談されていた。このことを子どもたちに話すと，「資料館づくり楽しそう。つくりたい」との声があがったため，平成30年度の総合的学習のまとめは，子どもたちと資料館づくりをしたいと考えた。

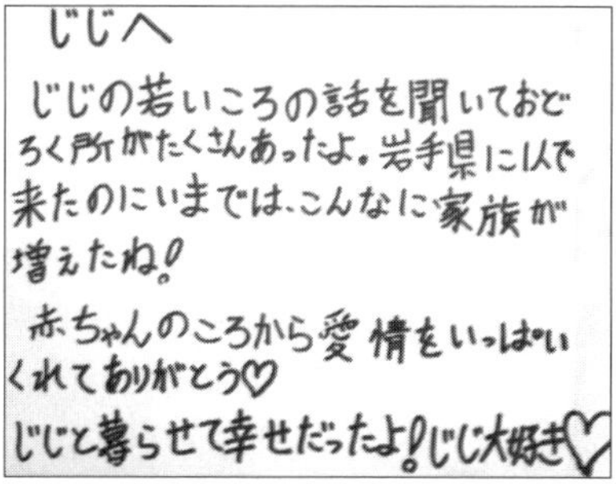

図8-3　祖父へのメッセージ

　2学期の総合的学習で個人課題を決めて調べ始め，ある程度まとまってきた段階で子どもたちと話し合い，中間発表会として学習発表会に「開拓」を取り上げた劇をすることを決めた。

　平成29（2017）年告示の学習指導要領の「総合的な学習時間」の目標（3）に以下のように記載されている。

> 　探究的な学習に主体的・協働的に取り組むとともに，互いのよさを生かしながら，積極的に社会に参画しようとする態度を養う。

　これは，子どもたちが様々なかかわりの中で生活していることを実感し，その中で自分や自分たちができることを模索し，地域で実践し行動していく活動が求められることを意味していると理解できる。そのように考えると資質・能力の3つの柱で目標が再整理されたものの，総合的学習の本質は変わらない。「積極的に社会に参画しようとする態度を養う」という点は特に大切にしてきた。

b　共通課題「開拓の歴史」の展開

　柳沢地区には「山麓更生」「柳沢」「大川更生」「柳沢上郷」の4か所の開拓

地がある。これらの名前は，今も子どもたちの身近にある。

　柳沢小学校の子ども会は3つあり，それぞれの名称は，「柳沢1・2・山」「大川更生」「一王子」となっているからである。そのため，自分が住む地区の開拓を調べやすかったと思われる。

　子どもたちは2学期の総合的学習のトピック的な活動として地域の産業マップづくりを行った。自分の住む地区では開拓によりどんな産業が始まったかを調べるためである。また，1学期の総合的学習で調べた自然とつながりを見つけるためでもある。

　マップづくりをした子どもたちの感想は次の通りであった。

○米づくりをしている場所が4か所しかない。もう少し多いと思っていた。水
　田には火山灰土は向いていなかったんだと思った。
○自分の地区には陸穂があったと聞いたけれど，今はどうしてないのだろう。
　陸穂はどんな米なのだろう。
○自分が住んでいる地区には畑より，牧草地が多い。なぜ，酪農をすることに
　したのか。
○上郷では，いろいろな野菜を育てているけれど，開拓のときからなのか知り
　たい。
○昔，開拓をしたところがほとんど酪農や野菜づくりの場所になっている。と
　ても，努力したんだと思った。田んぼが増えなかったのは火山灰土のせいだ
　ろう。
○B家の近くが開拓地だということがよく分かった。火山灰土はどこからどこ
　までなのか気になった。
○あらためて米づくり農家が少ないことに気づいた。
○開拓したところに畑がある意味が分かりました。開拓したところは，やりや
　すく，育てやすいからだと思いました。量はどれくらいなのか気になりまし
　た。

　家庭学習でも「陸穂」について調べた子どももおり，関心の高さがうかがえ

た。このことを調査活動の中心テーマとして設定しても面白い題材である。また、「火山灰土」など、今までの学習と結び付けて考えている子どももおり、開拓と岩大工法のつながりについて深められる可能性を感じた。

　調査活動を進めるにあたり、分類・整理のために子どもたちと開拓には2つの内容があることを確認した。

　①地元の人たちが、土地を切り拓く（岩大工法など）
　②違う土地の人たちが、新しい土地を切り拓く（更生など）

　子どもたちは、4つの開拓に携わった方々の手記をもとに自分の地区の開拓について調べた。「山麓更生」「大川更生」「柳沢上郷」から地域の方をゲストティーチャーとしてお招きし、すり合わせをしていくこととした。10月5日には、柳沢上郷開拓に携わった地域の方をお招きして講話していただいた。時代背景と開拓を結び付けた話であったが、子どもたちは調べてきたことと照らし合わせながらじっくりと聞いていた。地域の方々を招いて、直接に体験に基づくお話をしていただくことの大切さをあらためて実感した。

　その後、総合的学習の中間発表として行うことにした10月の学習発表会の劇に取り入れたい内容を子どもたちと協議して、次の点を盛り込むことに決定した。

○当時は、伐採・山焼き・開墾の連続であった。
○農作業を苦労とは思わず、作る楽しみ・できた喜びがあった。
○手のあかぎれから血を流しながらも、「ああ、今日もこれだけできた」という喜びに浸りながら日々を過ごした。
○共同経営から個人経営に移る際は、今後も互いに助け合うと誓い合った。
○米の代わりに配給された砂糖をなめながら歌った。思い思いの中には故郷があった。
○若さで病気を治した。
○自作の下駄をはき、夜出て映画を観に行った。

○国有地を開拓地にしてほしいという陳情。幾度となく歩いて役場へ出向いた。

○成功検査で褒められるまでになった。

○気に入った人の家の草刈りをするため，くじ引きをした。

　もともとマップづくりから始まった学習であったが，その後，積み重ねてきた学習の成果を地域の方や保護者に伝えようと学習発表会の劇『開拓～はらからのちぎり～』の練習に取り組むことになった（台本は本章末に添付，資料8-1）。

　自分たちの住む身近な地域の「開拓」を素材として探究を深めてきたため，初めから子どもたちの意識は高く，主体的に動くことができていた。動きやせりふ回しも，「こうだからこうしよう」という根拠や理由付けを考えながら，子ども同士で相談しながら進めている姿は頼もしかった。当日は，講話をしていただいた方の声掛けがあったためか，開拓に携わった地域の方々が多く参観されていたことが印象的であった。

　発表後の子どもたちの感想は次の通りである。

5 年生の感想

○『開拓～はらからのちぎり～』をやってみて，わたしは，助け合ったり，協力したりする大切さについて気付きました。今は，「開拓はかんたん」と思っている人もいると思いますが，昔，開拓を始めようとした人たちにとってはその言葉は，とんでもない言葉だと思います。また，セリフにもあったのですが，昔の人はつらくても前を向いて生活をしていたことも知りました。今は，機械などがたくさんありますが，昔はほとんど手作業で行っていたそうです。くわやおのを使い，伐採をやったり，畑をたがやしたりしてやり続けたことがすごいと思います。

○私は，劇をしたときに，最後の「つらくても前を向き，苦労を苦労と思わず」という言葉が心に残りました。観客の中に開拓をした人たちが来ていました。私は，この言葉を伝えたいと思いました。普段，私たちはお金ですぐ，野菜などを買えますが，開拓された方々は，そのために何日も何日も苦労をしていることを知りました。

6年生の感想

○まだ電気も便利なものもない中で，苦労を苦労とも思わずにやっていた開拓者の精神力や忍耐力がすごいと思った。昔の人であっても，今をこえるような知恵や知識があると思った。岩大工法や他のことについての工夫をもっと知りたいと思った。開拓者の方々が，うれしいときに集まって歌を歌ったこともあるというのも聞いて，どのような歌を歌っていたのか気になった。

○県内で18,200ヘクタールが開拓された。その4分の1の4,500ヘクタールが滝沢市で開拓されていたことに驚いた。劇をしてみて，開拓者の人たちが私たちの知らない努力をしていたことが分かった。3年の約束があったことと個人経営でも同じようなことをしたことを伝えられた。地域の方の話の中で印象に残っているのは，山焼きは他では，火事にしてしまうことがあったけれど，柳沢ではなかったことだ。この地区の人たちは，知恵を持っていたと思う。そして，ずっと努力をしてきたことが分かった。

○戦後3年間も共同生活をしていて苦しかったと思うけど，楽しみながら生活をしていたことが分かった。劇でそれを伝えられたと思う。

○戦後の3年間の共同生活があって，この地域の方々の仲がよいのではないかと思った。地域の方々との交流のいろいろなやり方が劇を通して分かった。約70年前に，今あるこの場所を人の手で，とても大きな苦労とともに切り拓かれたことが分かった。この大きな苦労の中でも，みんなで楽しくやっていたことを考えると，とてもすごいことだと思った。

○初めはシベリアでほりょとして働いていた人たちが，「岩手の開拓は，シベリアよりうれしい」と思っていたことはすごいと思った。劇では，踊りであらわした伐採と開墾だけれど，その大変さを表せたと思う。でも，その大変さがシベリアよりはいいということは，シベリアのつらさが開拓とはちがうということだ。このことを開拓した方々に確かめたい。

保護者

○5・6年の劇は，開拓のお話でした。私たちの生まれる前の人たちのおかげで今があるんだなと思いました。5・6年の劇が終わった後，来賓の方々が

目頭を押さえていました。地元の方もいらしたので昔を思い出したのかもしれません。子どもたちも昔話をしてくれる方がいるうちに聞くことができてよかったと思います。

　開拓の歴史を知っている地域の方々は高齢である。その方々は子どもにその事実を伝えたいという思いは強いが，家では話していない。実は，子どもたちはそれに触れる機会があれば，知りたいと考えている。総合的学習でその橋渡しが少しはできたようである。子どもたちも，普段，何気なく見ている身の回りの地域の風景が変わってくるのではないかと思う。この学習を通し，少しでも自分たちの地域を大切にしようとする気持ちが高まればと考えている。

3. 実践における成果と課題

a　成果

●柳沢小学校の校歌は，中学校と同じであるために難しい言葉が入っている。しかも，この校歌には開拓者の思いが込められており，小学生の子どもたちが理解することは難しい。劇のタイトルは校歌の一部から取ったものであるが，子どもたちは調査活動を進めているうちにその内容が分かるようになってきた。「うちの校歌すごい」と言った子どもがいるが，身近な事柄に対する理解が深まると，自分なりの思いが湧いてくるようである。この総合的学習を通し，子どもたちは，自分の身近にある学校や地域を知ることで，自分の家族の歴史だけでなく，発展してきた地域の歴史に愛着を持ちながら意欲的に学習を進めることができたと思われる。

●地域学習を進めることで，よりいっそう地域の方々との交流が深まり，学校との連携も深まったと実感する。そのことにより，教師にとっても子どもの一歩先を見据えた学習活動を組むことができるようになってきた。

●祖父母の世代と子どもたちの交流をもとに学習が進められたことにより，父母の世代にもその学びが共有された。発表会後，父母から初めて知ったことも多かった等の感想が寄せられた。

b　課題

●戦後の食糧難から始まった開拓の歴史に触れ，実際に地域に出て調べること
　で地域や先人を大切にしようとする気持ちは育ってきたものの，地域を越え
　るグローバルな課題に結びつけることが不十分であった。

●開拓についての資料は大人を対象としており，子どもが一人で読むことは困
　難であることが多い。今後，子どもたちが自分自身で調べられる資料として，
　社会科副読本にその内容を盛り込むなどの手立てがより必要であろう。

参考文献

・岩手山麓開拓史編集委員会編『岩手山麓開拓史』滝沢村役場，1982年
・滝沢市教育委員会『社会科副読本「わたしたちのたきざわ」』2020年
・「平成30年滝沢市立柳沢小学校学校運営計画」2018年
・文部科学省『小学校学習指導要領（平成29年告示）解説　総合的な学習の時間編』2018年

資料：学習発表会　（5・6年生）
劇「 開拓～はらからのちぎり～ 」台本

◎登場人物
小学生2
開拓者　男3・女3
地元　男1（宮司さん）娘1

※資料の紹介後
　昭和20年代。ここ，柳沢でも戦後の食糧難を解決するために，開拓が行われました。わたしたちは，総合的な学習の時間にこの開拓について調べてきました。その中で分かってきたことを劇にしました。
　この劇には，事実に基づいた部分とフィクションの部分があります。おかしいときは笑ってください。開拓の講話をしていただいた方から，失礼にならないと確約も得ていますので・・・。よろしくお願いします。
　それでは，「開拓はらからのちぎり」のはじまりはじまりぃー

「これは訓練です。これは訓練です。ただいま震度5のゆれを感じました。登校途中の小中学生は避難をしてください。登校途中の小中学生は避難をしてください。」
スポット消す。ステージライト点灯。
小学生2人走って登場。

ちょっとー。冗談じゃない。
まったくー。全然知らされてないよー。
避難って言ったって，どこに逃げればいいのよー
（真顔になって説明するように）こういう時は，ダンゴムシポーズで，頭をランドセルでカバーすればよいのです。
誰に言ってるの。
※避難するしぐさ

雷鳴CD小さく
ちょっと何よー。今度はカミナリかよー
まっまずい。
なにが
角度がまずい・・・ほら，そばに高い木があるよね
ある，ある
45度の中に入ってる（三角定規）
入ってる，入ってる
だから・・・落ちる
何が
か・み・な・り

えーーー
雷鳴CD大きく
ステージライト消す。スポットぐるぐる。
音が消えたら，いったんスポット消してから
3秒後ステージライト・スポットライト点灯。
（失神～気が付く）
頭からゆげでてるよ
お前もな
よりによって地震と雷のダブルパンチとは，まいったね

※まわりを見回す

ここはどこ
ここはって，登校途中のいつもの道でしょって・・・・・ん一
ねっ，へんでしょ
道路がほそうされてない一
家がない一
柳沢だよね，ねっ
柳沢だよね，ねっ
※まわりを見回す
あっ，あそこに大人の人がいる。
きいてみようよ
（ジャンケン）
あのー，すみません，
おう，どうした。
あのー，ここはどこですか。
（ふしぎそうに）どこって・・・ここは，かみさとだけど。
かみさとー
やっぱり柳沢だよ。
なにいってんだ。ここはかみさと。おれたちがなまえつけたんだ。
おれたちが・・・
名前をつけた・・・
どういうこと？
すみません，コミュニティーセンターはどこですか。
こみゅ，こみゅに・・・・・あんだって？
コミュニティーセンター
あんだって？
えーーー，コミュニティーセンターがない。
おう，やっと来たか，遅かったな
何言ってんだよ。今日は記念の日だから新岩手日報買って来いって言ったのおめーだろ
そうだったな，わるいわるい
何が悪い悪いだ。今日は俺たちにとって記念の日だからって，こっちは朝4時に起きて盛岡の新聞社ま

資料8-1　劇『開拓～はらからのちぎり』上演台本

で馬ソリでいってきたっていうのに
まあまあ，んーと，今日はなにがあるかな
　（新聞を反対側からのぞきこんで）
えーーーーーー！
どうした
昭和２７年———！
あのう，今日って昭和２７年ですか。
今日はってなんだ？
ああ，今年はいっつも昭和２７年だべ
そうだ，西暦で言えば１９５２年だ。
えーーーーーー。
そういえば，お前たち，さっきからいるけど・・・
知り合いの子か？
いや，さっき声かけられたんだけど・・・
きみたち，この…んの子か？
どこの学校？
わたしたち，柳沢小学校です。
えーーーーーー。
いたかなあ，こんな子たち。・・・っていうか，今気
づいたけど，なんだそのかっこう？
そのしょってるものはなんだ？
なんだって？ランドセルですけど・・・
　（顔を見合わせ）
わたしたち，タイムスリップしたみたい
アイ　シンク　ソー
わたしのうちはどこでしょうか
小屋ばっかりで，うちがないんですけど
なにいってんだよ，しっけいだな，きみたちは
んだ，んだ，今のは君たちが悪い。あの小屋みたい
なのはな，われわれの家だ。
そうだ。俺たちが苦労して作った家だ。なっ
なっ
その当時の家は，たて５．５ｍ，横１４．４ｍの建
物を４つに区切った長屋作りだったそうです。
誰に言ってるの
あのう，あなたはだれですか？
だれですかって，・・・俺はさいとうさんだぞっ
えっ，さいとう？さいとうなにさんですか？
さとしだが。それがどうした。
さいとうさとし？（考える）
あなたは？
おおさこだが・・
　（顔を見合わせ，頭を３回大きく振り）
周りのみんなも頭を大きく合わせて振る
はんぱねー，
なんだそれ
あなたは？
本田だが

　（顔を見合わせ，頭を３回大きく振り）
周りのみんなも頭を大きく合わせて振る
　（いいそうになるが言わない）
　（ずっこけて）いわんのかーい
気を取り直して
どうしたの
もしかしてじっちゃん？わたしのじっちゃんの名前，
さいとうさとしなんだ。
ほんと？
じっちゃん？
なんだとー，いきなりじっちゃんなんて，しっけい
だな君は
んだ，んだ，俺たちはまだ１８だ。
どうしよ，１８才のじっちゃんに会っちゃった。
すごいよ。宿題に出てた「戦後の暮らし調べ」でき
るじゃん。
ラッキー。・・・って言ってる場合か？なんか不思議
な感じ。
じっちゃんと話してみなよ
じっちゃん
またまた，しっけいだな。
ごめんなさい，さいとうさん，長野から来たんでし
ょ
何で知ってんだ。
ああ，３年前にな
そして今日は特別な日なんだ。
んだ，んだ。
なに，特別って。教えてよ
お前たちに言ってもな。なっ。
そうだな。でも，知りたいなら入植当時の話をして
やろうか。・・・おう，おっかあ。
えっ，おっかあ。
てことは，おおさこさん，結婚してたんだ
　（顔を見合わせ，頭を３回大きく振り）
周りのみんなも頭を大きく合わせて振る
はんぱねー
ちなみに俺も結婚してます。
　（顔を見合わせ，頭を３回大きく振り）
周りのみんなも頭を大きく合わせて振る
　（いいそうになるが言わない）
　（ずっこけて）いわんのかーい
気を取り直して
あんたたち，こんなとこで，なに油売ってんのよ？
はやく家にかえりましょ。今日は特別な日だから，
今から準備するよ・・・その子たち，誰の子？
実は，〜というわけだ。（伝えるふり）
そうかあ，ふーん，あなたたち開拓について知りた
いんだ。・・・じゃあ，わたしがおしえてあげようか

ね。
ステージ・スポット消す。プロジェクター開く。投
光器点灯。
　（CD）
ダンス
ダンス終了後ステージ・スポット点灯。
投光器消す
昭和20年，戦争からの復興を目指し，日本は動き
出したのさ。でも，食べるものがない。米は貴重品。
砂糖なんかも配給でもめったに届かない。食糧難さ。
そこで日本は大規模な開拓事業を始めたのさ。ここ
岩手でも行われるって聞いて，私たちは長野から2
5家族でやってきたんだ。あっ，やえさん，おたえ
さん。ちょっと来てけらいん。
どした。
今，この子たちに入植の時の話，してんだ。この人，
やえさん。で，この人がおたえさん。一緒に生活し
てんだ。
へー。どっこいしょ。・・・今日でいよいよ約束の3
年目だしね。
あっという間だったね。
そうだね。ちょうど3年前に長野の下伊那から夢も
って来たんだね。でも来たときは「えらいところに
来てしまった」って思った。・・・雑木林だらけだっ
たからね。
んでもしょうがねえさ，なんたって1反30円だっ
たからな。ほれ，あんたらの学校の体育館1個分が
30円さ。たばこ1箱と同じだって。
んだ，んだ。そのあとは，伐採，山焼き，開墾，伐
採，山焼き，開墾，そしてまた，伐採の繰り返し。
男も女も関係ない。よく働いたね。

おや，宮司さんでねえか。宮司さんこっち来て。
おう，どした。
今，3年前の話してんのさ。
お宅らが長野から出てきた年でねえか。なつかしい
な。
その節はお世話になりました。
なんも，なんも。
おれらのうちができるまで1週間も厄介になりまし
たね。
泊まるだけでなく，ごはんもいただきまして。
ほんと，有り難かったです。
開拓者がたくさん入植するって聞いて，この雑木林
で大丈夫なのかって思ってさ。酷なことを考える。
雑木林を安く売るかわり，伐採は自分でやることな
んてな。
なんも，なんも。私らにとっては地元にいるところ

がなくなってさ。
みんな，次男坊三男坊だったからな。よく頑張った
よ。お前さんたち。まっ，これからも大変だろうけ
ど。
そうだねぇ，女は家事もしなきゃならないから，大
変だったね。
でも，5家族の共同生活だったから何とかできたね。
そう，そう。皆が一つの家族だったからね。でも，
それも今日で終わり。
今日は，みんなで盛り上がろうね。
んじゃ，あとでな。
娘のみっちゃんも来るんかえ。
あー，それはほっといてくれ。行くなっていっても
行くだろうしな。
んだ。んだ。

ちょっと，ばっちゃんの名前，みつなんですけど
ってことは，このときじっちゃんと，ばっちゃん，
つき合ってたってこと。
え―――――――――――！

あっ，みっちゃんだ
みっちゃん，こっちさこ。
んっ。
んっ？
んっ。
んっ？
お前はこっちだろう。気の利かないやつだな。
ははは。こりゃまた，失礼。
　（さとしとみつ，となりどうしになってもじもじ，
　そんな二人を無視して）
さいとうさんとみっちゃんの出会い，傑作だったな。
ああ。笑い話だったな。
あれは寒い日だったな。かり取ったクマザサをあそ
こで束ねてた時だったな。
ステージ・スポット消す。3秒後，スポットライト
右側のひとし，宮司，みつを照らす。
んー，何でクマザサってうまくたばねてしばれねえ
んだべ。あー，うまくしばれねぇ。・・・・
おう，おはよう。
あっ，おはようございます。
おっ，おはようございます。
せいが出るのう。
なんも，なんも。
今朝は，しばれますね。
えっ。
しばれますねぇ。
えっ，いや，うまくしばれなくて・・・

しばれますねぇ。

いや，だからしばれなくて。

会話になってないな，お前たち。

えっ。

ははは，さいとうさん，ここらの方言で「寒い」ってことを「しばれる」っていうのさ。

ああ，あんっ。

まぁっホントに面白いお方。

スポット消す。3秒後ステージ・スポット照らす。

そして，おれたちがむすびつけたんだよな。

ああ，おれら開拓者が地元の人たちへの恩返しで草むしりしたときだったなぁ。

そうだよね。さいとうさん，「どうしても神社の草取りしたい」って言ってたもんな。

場所を決めるのはくじ引きだったから。

そうだ。だから，ちょっと細工したんだっけ。

ステージ・スポット消す。

（声だけ）

草取りの場所，くじできめっぞ。

おう。

せーの。

さいとうさん，どこになった。

や，やったあ。神社だ。

スポットライト右側のさとし，宮司，みつを照らす。

すみません。草取りに来ました。

やあ，さいとうくん。きみか。きょうは。

はい，くじで決まりました。

あっ，さいとうさん。

おっおみつさん。こっこんにちは。

こんにちは。いっしょに草取りしてもいいかしら

はっはい。いいにきまってます。

まぁっホントに面白いお方。

スポット消す。3秒後ステージライト照らす。

宮司さん，よくゆるしたな。結婚。

えー，結婚！？

なっなんだ。今の声は？

あーー，びっくりした。

ステージライト消す。スポットライト右側のさとし，みつを照らす。

なんかきこえた？

なんも，でも結婚て聞こえたような。

えっ，はずかしい。

いっいや。でも聴こえたでござる。

まぁっホントに面白いお方。

スポット消す。3秒後ステージライト照らす。

さあ，うちに帰ろう。

今日が約束の3年目。

共同生活最後の日か。

明日からは，それぞれのうちで，それぞれの土地で生きていくんだな。

今までありがとうね。

でも，これからも困ったときは助け合おうな。

約束だぞ。

ここに誓いを立てよう。

そうだ，はらからのちぎりだ。

そうだったのか。

だから，特別な日だったんだね。

なんか泣けてきちゃった。

かえってじっちゃんばっちゃんに伝えなきゃ「ありがとう」って。

でもどうやって帰ればいいの。

雷鳴CD小さく

あっ，雷鳴。

ほんとだ，雷鳴だ。

木の下に行こう。

そうか！

45度に入ってる。

入ってる，入ってる。

雷鳴CD大きく

ステージライト消す。スポットぐるぐる。

音が消えたら，いったんスポット消してから

3秒後ステージライト・スポットライト点灯。

頭からゆげでてるよ

お前もな

やっ，やったあ，もどってきたんだ。

じっちゃーん，ばっちゃーん。

ステージ・スポット消す。3秒後スポットで全体照らす。プロジェクター開く。

私たちは総合で開拓について調べてきました。

調べていると，開拓された方々が

つらくても，前を向き，

苦労を苦労と思わず，

作る楽しみ，

出来た喜びを胸に

支え合って

生活してきたことを知りました。

また，ふるさとをおもい，

歌を歌ったこともあったということも知りました。

今，私たちがあるのは

その時の信念があったからです。

ありがとうございます。

歌「ふるさと」

これで5・6年生の発表を終わります。

9章

中学校の実践事例 (1) キャリア教育型
——秋田大学教育文化学部附属中学校「総合DOVE」

1. 総合的な学習の時間＝「総合DOVE」の概要

a 総合DOVEの歩み

　秋田大学教育文化学部附属中学校では，平成10（1998）年度より「総合DOVE」の実践を重ねてきた。「DOVE」とは，本校の象徴である「鳩」を意味する英単語であり，「Developers enjoy studying voluntarily with originality……独創性をもって，自発的に学習を満喫する，21世紀にはばたく生徒たち」という願いが込められた本校の「総合的な学習の時間」（以下，「総合的学習」と略記）の名称である。本校では，総合DOVEという名称に，「Developemental（発展的・探究的な学習）」「Original（独創的な学習）」「Voluntary（自発的な学習）」「Enjoyable（満喫できる学習）」という，本校が目指す学習の姿を込めてきた。

　本校では，平成10年度から平成20（2008）年度まで，「国際理解，情報，環境，福祉・健康などの横断的・総合的な課題」に基づいて研究コースを設定し，全校を縦割りにして所属コースを決定し，探究的・実践的な活動に取り組んできた。しかし，平成21年度からは1年生が50時間，2，3年生は70時間という時数で「キャリア教育」を軸とした学年総合として総合DOVEを実践している。

b 総合DOVEの特色

　本校の総合DOVEの活動は，1年次の職業意識・進路意識の形成から始ま

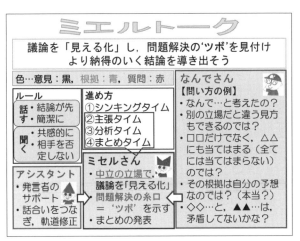

図9-1　各教室に掲示している「ミエルトーク」の説明

り，2年次には専門的な進路研究を
もとに自分の将来の生き方を考え，
3年次には2年次までの研究や様々
な生活経験などを踏まえて，各自が
研究テーマを設定し，自分の生き方
を探りながら高校での学習や将来へ
の展望を持って卒業を迎えるという，
3年間を一貫した進路探究型のキャ
リア学習である。

図9-2　自分の役割を担当し，ホワイトボードに思
考を可視化しながら「ミエルトーク」を進める生徒

　本校の研究主題は，「共に未来を切り拓く開かれた個」であり，総合DOVE
では，自分自身の個性や適性を見つめ直し，社会情勢と向き合いながら，自ら
課題を見付け，協働的な学びを通して，自分の理想の生き方を見いだそうとす
る態度を育成している。協働的な学びでは，教科等で実践している「ミエル
トーク」を用いて，各自の考えを可視化する活動に取り組んでいる。話合いの
進め方や話合う際の役割分担などを工夫した「ミエルトーク」は，状況や場面
などに即した表現力や情報を整理・分析する力などを育成できる，本校で開発
し，全校体制で実践している思考ツールである（図9-1, 9-2）。

c　総合DOVEの重点

　本校の生徒の状況を，「人間関係形成・社会形成能力」，「自己理解・自己管理能力」，「課題対応能力」，「キャリアプランニング能力」の4項目から検証してみると，次のような傾向が見られる。

（1）知識は豊富だが，簡潔に相手に分かるように表現することが苦手である。
（2）知的好奇心や向上心，自制心は高いが，自己肯定感や自己有用感が低い。
（3）課題解決することには積極的だが，自己表現することには消極的である。
（4）就きたい職業はあるが，どんな生き方を目指しているのかは曖昧である。

　そこで，3年間の総合DOVEの学習では，「自分の生き方の探究」を柱とし，各学年の発達段階を踏まえ，自分が目指したい「理想の生き方」を具体化・実践化できるようにしていきたいと考えている。また，総合DOVEで習得した資質・能力が，予測困難な未来社会の中で，批判的に物事を捉え，どんな場面をも切り拓いていく力になっていくことを期待している。

2.　総合DOVEの計画

a　各学年の総合DOVEのねらいと活動計画

1）1年生のねらい

　家族や身近な人の働く姿を見学したり，インタビューすることなどを通して働くことの喜びや厳しさを実感するとともに，「なりたい自分」のイメージが膨らむ。また「なりたい自分」を支えていく専門性についてもっと広く，深く探究したいという意欲が高まる。

2）2年生のねらい

　自分の適性と「なりたい自分」を踏まえて，探究する専門的分野を選択し，そこに携わっている人たちがどのような生き方をしてきたのか，また今後どのような生き方をしようとしているのかなどを知ることを通して，自分の将来の

生き方を具体的に考えることができる。

3) 3年生のねらい

　1，2年生の総合DOVEで身に付けた学び方や知識などを活用して，社会問題の解決策を探究し，その研究成果を専門的分野の職業人や他の生徒，家族等から他者評価してもらうことを通して，「なりたい自分」のイメージを問い直し，自分は就きたい職業を通して，どんな生き方を実現していくのかという志を立てることができる。

b　各学年の総合DOVEの活動計画

1) 1年生の学習対象と学習のねらい

表9-1　1年生の学習対象と学習のねらい

学習対象	学習のねらい
①自分らしさや自分の成長・自己評価，級友や保護者の他者評価など	1) 自分のよさや特徴について理解できる。 2) 自分らしさに対する自信が深まる。
②保護者や家族，親類などの仕事 ・インタビュー活動 ・職場訪問による見学	1) 身近な人々の職業人としての一面を知ることを通して，尊敬の念を新たにできる。 2) 保護者や家族，親類などの努力や苦労の上に生きている自分の存在を理解できる。
③職業人の「生き方」 ・職業人による講話	1) 働く意義や楽しさ，大変さなどについて理解できる。 2) 将来，自分が就いてみたい職業についての関心が高まる。
④様々な仕事に携わる人々 ・3日間の職場体験活動	1) 仕事の喜びを共感的に理解できる。 2) 仕事の苦労を共感的に理解できる。 3) お世話になった方々の仕事に就くまでの過程や努力，苦労などを理解できる。
⑤自分の進みたい道とその道を歩んでいる人々 ・「鳩翔の行事＝夢を発表する場」に向けた準備	1) 憧れの人々の生き方や業績を調べることを通して，自分の課題を把握できる。 2) 自分の進みたい道について，新たに探究してみたい問いを立てることができる。

2) 2年生の学習対象と学習のねらい

表9-2　2年生の学習対象と学習のねらい

学習対象	学習のねらい
①探究に必要な資料 ・文献資料の収集，整理 ・インターネットを活用した調査	1) 「理想の生き方」を探るために，的確な研究テーマを設定できる。 2) 探究に必要な資料を収集し，整理・分析することを通して，探究する職業についての専門的な知識を習得できる。
②職業人の「生き方」 ・職業人による講話	1) 職業を選択した理由や経緯などを知り，職業選択についての考え方が深まる。 2) 就きたい職業と「理想とする生き方」との関連について関心が高まる。
③「なりたい自分」に近い職業に就き，その道を歩んでいる人々 ・長期休業や休日を活用した訪問活動や体験活動 ・学習旅行を活用した訪問活動や体験活動	1) 憧れの人物や興味のある企業，施設等を訪問し，インタビューや体験活動することを通して，「理想とする生き方」についての考え方が深まる。 2) 自分が「理想とする生き方」をしている人が身に付けている資質・能力を体感することを通して，今後探究していく研究内容を絞り込むことができる。
④調査や体験活動を通して収集した資料や思い ・「鳩翔の行事＝志を発表する場」に向けた準備	1) 探究した結果を自分なりに考察することを通して，新たな課題を明確にするとともに，次年度の研究計画を立案できる。 2) 次年度の実践化に向け，具体的活動計画を立案できる。

3) 3年生の学習対象と学習のねらい

表9-3　3年生の学習対象と学習のねらい

学習対象	学習のねらい
①自分が設定した研究課題に関わる地域で活躍している人々 ・DOVE ACADEMYでの発表プランの検討	1) 探究し実践化したい研究課題を絞り込み研究計画を修正できる。 2) 研究仮説や研究発表のプランを立てることを通して，今年度の研究内容やゴールについて見通しを立てることができる。
②自分が探究する研究課題の克服に，現在取り組んでいる人々の生き方 ・長期休業や休日を活用した訪問活動や体験活動	1) 理想の生き方に近付くための実践に必要な情報を，幅広く収集したり，実体験などを重ねたりすることができる。 2) 調査・研究した内容について専門家から評価や助言をいただきながら，研究内容を問い直し，深めていくことができる。

③自分が身に付けた専門的知識や収集した資料，体験を通して抱いた思いなど ・DOVE ACADEMYに向けた発表原稿やプレゼンテーション資料作成	1) 自分の考えを発信し，認めてもらうことで，学ぶことの楽しさを実感できる。 2) 他者の意見や提言などを取り入れることで，多面的・多角的な考え方を習得できる。 3) 提言したり，実践化したりすることで，3年間の研究の集大成を実感できる。
④3年間の総合DOVEの学習で習得した知識や経験および実感できた思い ・卒業レポートの作成	1) 3年間で得た知識や技能，思考・判断，思いなどを言語化することを通して，研究の成果を適切にまとめることができる。 2) 成長を実感することで，自分の可能性への期待感を膨らませることができる。

3. 総合DOVEの実際――生徒の活動記録とその成果

a 1年生の活動記録と教員による評価

1) 高齢者介護施設を訪問し，福祉の仕事を体験した生徒の活動記録

　　私たちは，加湿や食事配膳から部屋の飾り付けまで幅広い福祉の仕事を体験した。その中で，掃除をしながら入所者さんに声をかけたり，話し相手になったりすることで，入所者さんと職員が互いに触れ合えるということが分かった。職員の方々が入所者さんのために行動していることが，特に印象に残った。私たちが体験に来ていて忙しい中でも「思いやりの精神」を大事にしている園の方々の姿に胸を打たれた。

　　福祉のプロフェッショナルである施設長は，入所者さんに手を尽くし，感謝されることでやりがいを感じると話してくれた。そのお話を聞いて，施設長にとって「働くこと」とは，職員の方々と協力し合うことを通して自分の能力を高めることや，入所者の方々を笑顔にすることなのだということが分かった。この職場訪問を通して福祉や医療などに携わる仕事では，応対する相手の方への向き合い方が，とても重要であるということに気付くことができた（図9-3）。

指導した教員による評価

　この生徒は，職場体験を通して「かかわる」ことの大切さについて学んだ。また，「ケアする」と「ケアされる」ということには，双方向性があるという

図9-3　福祉施設で合唱する生徒たち

ことにも気付き，お互いに対等な関係を築くことの重要性に目を向けていた。この職場体験活動の後，この生徒は集団生活の向上を目指して，他の級友に自分の気付きをこれまで以上に発信する場面が見られるようになった。「働くこと」の意義を考える活動で得たことが，日常生活を向上させようとする意欲に結び付いたことは，この生徒の成長に大きな影響を与えていくことだろう。

2) スーパーマーケットを訪問し，販売の仕事を体験した生徒の活動記録

　　2日目には商品の品質管理作業を，3日目にはパンの袋詰め作業を行った。作業は単純作業ではあったが，一点一点手に取って確認するのは，商品の数や種類がものすごく多いだけに大変な作業であった。缶詰や調味料等の日もちする商品でも，細心の注意を払い，念入りに確認作業が行われていた。店の方々の丁寧な作業に驚くとともに，どんな作業についても心配りが大切であり，丁寧な作業はお客様からの信頼にもつながるということを学んだ。買う立場では絶対に気付けない発見がたくさんあり，貴重な体験となった。

　　働くことは，自分を向上させることでもあると感じた。つまり，今の自分が勉強して学び，高みを目指して努力することや，興味を持てることを探そうとする姿勢は，生きていく上でとても大事なことであることを実感できた。これからも学校生活を大切にし，やりがいのある仕事を見つけられるように，自分

図9-4　袋詰めの作業をする生徒

の将来について考えていきたい（図9-4）。

指導した教員による評価

　この生徒は，職場体験を通じて働くことの基盤は，人への思いやりや配慮，誠実さであることに気付くことができた。「どんなことにも意欲を持って取り組んでいくことが大切である」と実感できたことで，一日一日が未来へとつながっていくと捉えられるようになり，日常生活の中でも前向きな言動が目立つようになった。また，人と人とのつながりを大切にできる大人になりたいという思いを抱くようになったことも，この体験の大きな成果であった。

b　2年生の活動記録と教員による評価

1）学習旅行で上野動物園を訪問した生徒の活動記録

　「優しい心をもって飼育にあたる」これは，職場訪問で上野動物園を訪問した際に，職員の方から教えていただいた「職員心得10箇条」の中の言葉だ。「優しい心」言いかえれば「思いやる心」を上野動物園では大切にしている。上野動物園では，自然に限りなく近い環境で飼育することをモットーにしている。特にホッキョクグマなどの寒い所で生きている動物には，プールやエアコンなどの涼しく過ごせるような工夫がされていた。

今年度は，夏休みの職場訪問でも飼育員の方と同様に，目に見えない誰かのため，目に見えない何かのために，働く大人の姿に直面し，とても感動した。そして，相手を思いやる生き方がすてきだと思った。これらの経験を通じて，私が人生の柱として大切にしていきたいことは，「誰かのために，自分のために」ということだ。将来，誰かのために一生懸命に働き，笑顔にすることができたら，「職場に行くのが楽しみ」という私の理想の生き方ができると思う。20年後，その夢が現実のものになっているように頑張っていきたい。

指導した教員による評価

　この生徒にとっての幸せな生き方とは，当初，「自分の好きなことをする」だった。しかし，夏休みや学習旅行の職場体験を通じて，他の人を幸せにすることや社会に貢献することも，自分の幸福感や充実感につながることを実感できた。自分と他者との関係は切り離せないものであり，その関わり合いが自分を成長させてくれるものであることに，あらためて気付くことができたのである。

2)　学習旅行で東京証券取引所を訪問した生徒の活動記録

　1年生の職場体験では，秋田市社会福祉協議会を訪問して，年齢に関係なくコミュニケーションを図ることにより，笑顔は生まれるということを学んだ。また，この夏休みには，医師である両親にインタビューしたり，世界初の女医となったエリザベス・ブラックウェルの伝記を読んだりして，自分が人に歩み寄ることで幸せが生まれるということが分かった。学習旅行では東京証券取引所を訪問し，株式売買の仕組みや証券会社で働く上で大切にしていることなどについての話を聞くことができた。その中で，「嘘をつかず，相手からの信用を得ること」が，企業にとっても出資者にとってもWin-Winの関係を築くことにつながるという話が心に残った。

　私はこれまで，「人のために行動し，人に必要とされたい」と考えていた。今年度の研究を通して，さらに私は「すべての人に謙虚に，新たな挑戦を恐れずに立ち向かう」という生き方を目指したいと思った。「信用」や「信頼」は人の心を動かす。それを得るには何事にも誠実に向き合い，そして自分から一歩踏

み出して，新たな挑戦をしなければならないということを学んだ。

指導した教員による評価

　両親が医師であるこの生徒は，以前から医療に携わる仕事に就きたいと考えていた。今年度の研究では「医師」という職業について研究していたが，学習旅行の東京証券取引所の訪問や東京大学の教授による講義，ディズニーシーのキャストが働く姿の見学などを通して，「自分の生き方」として一番何を大切にしていきたいのかを問い直し，「自分の生き方」に新たな価値を加えることができた。今後はよりよいコミュニケーションを求めて，さらに自分の在り方について探究を深めていくだろう。

c　3年生の活動記録と教員による評価

1)「発信・表現コース」で研究に取り組んだ生徒の活動記録

　　昨年度まで，人との関わりを通して物事を理解するというテーマで研究してきた。学習旅行等での訪問活動から，他者理解のためには，自己理解が不可欠だと考えるようになった。そして，自己を振り返るとき，日常の言動から自分の行動パターンをできるだけ客観的に捉えるように努めてきた。また，自分のことをよく知る身近な方々の協力を得て，自分の「短所」を聞き，自己分析するという手法も効果的だった。精神科や発達心理の先生のお話から，馴染みのある心理テストにも実は自己理解のポイントがたくさん隠されていることを知り，新鮮な驚きを感じるとともに，自分のものの見方が広がった。

　　DOVE ACADEMY では，自己理解をもとに実生活で自分らしさを出していくことが自己表現であるという研究成果を，参観者に音楽で発信することができた。コミュニケーションゲームや音楽などによる自己表現にも，他者理解の視点が深く関わっていることを，参観者と共有できたことに一定の手応えを感じることができた。自己理解という言葉の響きは一見堅苦しく感じるが，自分は他者と関わり，影響を受けながら，変わっていく自分を肯定的に受け止めながら，より自分らしく生きたいと考えるようになった（図9-5）。

図9-5 音楽で自己表現する生徒たち

指導した教員による評価

　この生徒は,「自分らしく生きることで人の生活を豊かにする」という生き方を追究することを通して,「自分」とは何かを深く掘り下げて考え続けた。そして, これから様々な場面で意思決定が求められることを踏まえ, 周囲から受ける評価を「相手のニーズ」と捉え, それをどのように「自分のニーズ」と整合させていくか, その過程が自己理解になるという考え方に到達した。

　研究を深めるために実践を積み重ね, 自己理解が「生きやすさ」につながることを実感できたことで, 他者との関わりを大切にしながら未来志向で物事に取り組もうとする意欲がよりいっそう強くなったことを感じる。「自分らしさ」を模索する中学生という時期だからこそ, 総合DOVEの研究が, 生徒の今後の道しるべになることを確信させてくれた生徒の一人である。

2)「企業・プロデュースコース」の研究に取り組んだ生徒の活動記録

　　1年生からの総合DOVEを通して,「楽しさ」とは何から作られるのかということを探究してきた。その中で, 2年生では楽しさは「困難を乗り越えた先にある」ということ, 3年生では楽しさは「コミュニケーション」などの人との関わりの中から生まれるということが見えてきた。

　　「五城目朝市」への訪問, 現地で行った複数回の実践は, 私の理想の生き方に

図9-6　朝市で販売活動を行う生徒たち

強い影響を与えた。半年前の私は，人との関わりについて，あまりよい印象をもっていなかった。しかし，研究を進めていくうちに，他者とのコミュニケーションを重視していかなければならなくなり，段々自分の中の何かが変わっていくのが分かった。これは DOVE ACADEMY の当日にも言える。たくさんの人の前で自分の意見を述べることをできるだけ避けてきた私にとって，この発表はきっと人生の一つの山場だったと思う。この経験をきっかけに，もっと自信をもって発言できるようになりたい。そして，目標がはっきりしなくとも，目の前のことから逃げずに，自分らしい生き方をしていきたいと強く願うようになった（図9-6）。

指導した教員による評価

　本コースの生徒たちは，「Sim City」というコースコンセプトのもと，朝市や商店街の活性化，新スポーツ考案によるまちづくりに焦点を当て，訪問活動および実践を繰り返しながらグループ研究を進めた。総合 DOVE の研究の最高賞である「DOVE ACADEMY 賞」を受賞した五城目朝市のグループは，7月の五城目町役場訪問活動から始まり，8月には現地出店者の協力のもとで，2度の販売体験を重ね，9月には自分たちだけで朝市への出店を果たした。新たな企画を提案していく過程で，先人の知恵を継承していくことの大切さ，1

つのことを成し遂げるためにはたくさんの人の協力が必要であること，そして，何よりもコミュニケーションが不可欠であることを学び，この生徒は「なりたい自分」への一歩を踏み出すことができた。

d 『DOVE ACADEMY』について

　本校では，平成16（2004）年度に総合DOVE研究の「成果発表会」と「文化祭」を融合させた学校行事『DOVE FESTA』を新たに創り，実践を積み重ねてきた。そして，平成28（2016）年度からは『DOVE FESTA』が「お祭り」の要素が強く，必ずしも質の高い研究の集大成となっていないという課題を改善するために，『DOVE ACADEMY』と名称を変え，研究学会をイメージした行事となるよう改善を加えた。1日目を1，2年生の発表の場，2日目は3年生の発表と全校ディスカッションの場とし，研究の成果を検証している。

4. 令和2年度の総合DOVEの実際

　令和2（2020）年度はコロナ禍での取組となり，例年は職場を訪問して行っていたインタビューや体験活動を，オンラインによる情報の収集や専門家による講話などに切り替えて研究活動を進めた。また，『DOVE ACADEMY』は，感染防止のため，学級や研究したジャンルごとに分散させた会場を，ICT機器で結んで研究発表や参観による相互評価，全校ディスカッションを行った。

a　オンラインによる「研究発表」

　令和2年度も1年生は「働く意義」，2年生は「理想とする生き方」，3年生は「横断的・総合的な課題」についての研究を発表した。前年度までの研究発表においても，双方向性を意識した参観者参加型の発表が見られたが，オンラインでの発表となったことで，画面の向こう側の参観者に対する相手意識がさらに高まった。発表する生徒は，伝わりやすくしよう，聞き手の反応を確認できるようにしようとするなど，誰に伝え，何のためにまとめるのかという目的意識を明確に持って発表していた。また，参観する生徒は，画面越しではある

図9-7　参観会場の2年生と画面越しに意見交換する3年生たち

が，興味・関心を持って発表に耳を傾け，対面による参観と同じようなリアクションや質疑応答ができていた（図9-7）。

　その要因は，3年生も「生き方」をキーワードに研究課題を設定しており，3学年共に「生き方」についての探究を進めてきていることである。3年生は「理想のリーダーの在り方」や「地域活性化のための方策」などについて提言したが，まとめでは，どのグループも日頃の行動の在り方や豊かに生きていく方法などについて自分の考えを述べていた。今後も「生き方」についての学習を3年間スパイラルに繰り返す，探究的なキャリア学習を継続していきたい。

b　オンラインによる全校ディスカッション

　令和2年度の全校ディスカッションテーマは，「Look at 秋田！　秋田のよさを伝えるキャッチコピーは？」であった。今年度は，全校生徒を研究内容や興味・関心を基に，「食材」「伝統」「特産品」「自然」「県民性」という5つのジャンルに分け，各ジャンルを学年ごとに3つの会場に分散させた。本番当日は15会場をICT機器で結んで，オンライン上でディスカッションを行った（図9-8）。

　はじめに，各班が前時までに考えた秋田のよさが伝わるキャッチコピーをモニターで紹介し，作成した理由を発表し合った。その後，「キャッチコピーに

図9-8 黒板に可視化された意見などを整理して発言する3年生

込めた秋田のよさを３つの要素で表そう」という学習課題を設定し，会場ごとに話し合い『秋田のよさ』を絞り込んでいった。各会場から出された意見を「ミセルさん」役の生徒が全体会場のホワイトボードにまとめ，各会場の大型モニターに投影し，すべての会場で全体の思考の流れを視覚化できるようにした。しかし，形のある，目に見えるよさについての質疑応答の繰り返しになり，議論は停滞した。目には見えにくい人の温かさや絆の強さ，創意を重ねて伝統を守り続けてきた革新性などが，各ジャンルを超えた『秋田のよさ』であることに着目できない会場も少なくなかった。

　総合的学習を活性化させるためには，教員の指導性と生徒の自発性・能動性とのバランスを保つことが重要であり，指導に当たる教員が期待する学習の方向性や望ましい変容の姿を，事前に想定していくことが不可欠であると言われている。15会場の学習の広がりや深まりに差異が見られたのは，教員間で目指している学習活動のイメージの共有が不足し，どのような場面でどのような指導をするのかを，十分に共通理解できていなかったためである。総合DOVEの時間は，すべての教員の共通理解の下で進められてこそ，豊かで質の高い時間になることを改めて実感できたことが，コロナ禍におけるオンラインによる実践の成果の一つであった。

10章

中学校の実践事例（2）ICT教育関連
—— 岩手大学教育学部附属中学校「ヒューマン・セミナー」

1. 岩手大学教育学部附属中学校における 「総合的な学習の時間」の位置付け

a 学校の概要

　岩手大学教育学部附属中学校は，岩手県における唯一の国立大学教員養成学部の附属中学校であり，大学・岩手県教育委員会と協働で，理想の中学校教育を具現すること，それを実現するための原動力である教員の養成・研修に寄与することを重点の1つとしている。

　本校では，言語能力，情報活用能力，問題発見・解決能力等の学習の基盤となる資質・能力を高める学びを構築するために，各教科等の学びを教室や実験・実習室に留めるのではなく，例えば各教科間並びに総合的な学習の時間で学んでいることとのつながりを考えたり，自分の身近なところにある「ひと」「こと」「もの」と結び付けて考えたりする学びの充実を図っている。これまでの系統型の学習も大切にしつつ効率化を図り，質の高いデザイン思考型の学習を推進している。このような新しい教育や多様な教育プログラムを通して，学校教育目標「よく考え，誠をもって働く人間」に示される，豊かな人間性と高い学力を育んでいる。本校の学校教育目標と目指す生徒像については，表10-1のようにとらえている。

表10-1　本校の学校教育目標と目指す生徒像

学校教育目標「よく考え，誠をもって働く人間」		
よく考え 理性的に判断する生徒	**誠をもって** 思いやりの心のある生徒	**働く** 気力あふれるたくましい生徒
理性的，主体的に考え，判断する生徒	思いやりがあり，豊かな心で，互いに敬愛する生徒	たくましく，意欲的に活動する生徒
・自主的に考え，正しい価値判断ができる。 ・課題意識をもち，主体的に創意工夫を生かし，課題の解決に取り組むことができる。	・互いに人格を尊重し合い，よりよい集団をつくることができる。 ・美しい言葉で，心を通い合わせることや自然や事物を慈しむことができる。	・心身ともにたくましく，何事にも粘り強く活動できる。 ・個性を発揮し，自主的，創造的に活動できる。

b　プロジェクト構想

　本校の教育目標「よく考え，誠をもって働く人間」の具現化を目指した教育活動の理論構想を示すものがプロジェクト構想である。昭和43（1968）年以来「学習と生活の一体化」という実践スローガンを掲げ，より主体的・創造的な生徒の育成を目指して研究実践を積み重ねてきた。さらに発展的で広がりのある学びを求める中で，生徒に主体的な自己選択・判断・決定の場を提供するために誕生したのがプロジェクト構想である（図10-1）。

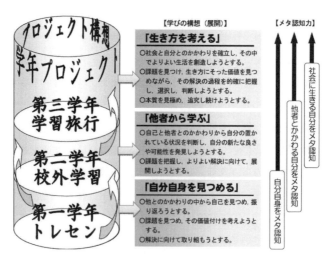

図10-1　プロジェクト構想と学びの構想（展開）

c ヒューマン・セミナー

平成11（1999）年度，学習指導要領で「総合的な学習の時間」（以下，本文では「総合的学習」と略記）が新設されることになり，本校では，従前のプロジェクト構想を総合的学習の枠組みに再構成した。本校では総合的学習を，「ヒューマン・セミナー」と呼んでいる。「ヒューマン」とは，本校の学校教育目標「よく考え，誠をもって働く『人間』」を指しており，日々の教育活動の中で学校教育目標の具現化を図っていきたいという願いが込められている。

「ヒューマン・セミナー」の学習内容は，「人生をいかに生きるべきか」という大命題に3年間かけて挑んでいくというものであり，「キャリア教育」という言葉が普及する前から，本校で脈々と受け継がれてきた「生き方学習」を継承している。長年取り組んできた「プロジェクト構想」の中核を担う学びの場として，1学年「自分自身を見つめる」，2学年「他者から学ぶ」，3学年「生き方を考える」というプロジェクトテーマを各学年の共通学習課題とし，各学年の発達段階に応じた指導目標が設定されている（表10-2）。

表10-2　各学年の「ヒューマン・セミナー」の構想

学年	プロジェクトテーマ	HSテーマ ■学習フィールド	ヒューマン・セミナーの構想
1年	自分自身を見つめる	「地域を知る」 ■盛岡	自分自身を見つめる学習を中心に展開する。地域（盛岡市内）に関わっている方から講演をいただいたり，調べたりすることを通して，自分のあるべき姿やこれからの自分の課題を捉えさせ，自分自身を深く見つめさせることをねらう。【中心となる活動】・生活トレーニングセンター・地域に関わる人の調査・職場訪問
2年	他者から学ぶ	「地域と関わる」 ■岩手	自分自身の考えや行動が，果たして社会的に適切かどうかということを考えさせる。他者評価を得るということを目的に，実際に働くことで様々な人（岩手県内）の生き方に触れさせ，今の自分を深く振り返らせる活動になることをねらう。【中心となる活動】・校外学習・地域と関わる活動

3年	生き方を考える	「地域と生きる」 ■日本・世界	自分と他者あるいは社会的な観点から自分の生き方を考える活動を重視する。学習フィールドをさらに広げ、様々な人（日本・世界）の生き方に触れさせ、自分と他者から受けた評価とを照らし合わせながら、地域（社会）にどのように関わり、寄与していきたいか、自己の生き方を創造することをねらう。 【中心となる活動】 ・学習旅行 ・個人課題の追究

　3年間の「ヒューマン・セミナー」の学習を通して「自ら課題を見付け、解決の道筋がすぐには明らかにならない課題や、唯一の正解が存在しない課題などについても、自らの知識や技能等を総合的に働かせて、他者と協働しながら粘り強く対処して解決し、自己の生き方を考えていくこと」ができる生徒の育成を目指している。「ヒューマン・セミナー」で育成を目指す資質・能力について、平成29（2017）年度告示学習指導要領で示された資質・能力の枠組みに整理した（表10-3）。

表10-3　「ヒューマン・セミナー」で育成を目指す資質・能力

知識及び技能	思考力，判断力，表現力等	学びに向かう力，人間性等
探究的な学習の過程において、課題の解決に必要な知識及び技能を身に付け、課題に関わる概念を形成し、探究的な学習のよさに気づく。	実社会や実生活の中から問いを見いだし、自分で課題を立て、情報を集め、整理・分析して、根拠を明らかにしてまとめ・表現する力。	探究的な学習に主体的・協働的に取り組むとともに、互いのよさを生かしながら、自ら社会に参画しようとする態度。

d　学年プロジェクト

　「ヒューマン・セミナー」の学習の中で重要な位置付けとなるのが、「学年プロジェクト」と呼ぶ各学年行事である。本校プロジェクト構想の中心媒介として昭和40年代から続く伝統行事であるが、「ヒューマン・セミナー」開始以降、総合的学習と関連付けながら取組内容を改善してきた。それぞれの概要を以下に示す。

図10-2　岩手山登山（平成29年）　　　　　図10-3　早池峰山登山（平成30年）

1）生活トレーニングセンター

　「生活と学習は一体である」という考えのもと，よりよい生活の在り方を追究するために，生徒たちは日々「生活トレーニング」に取り組んでいる。生活トレーニングセンター（トレセン）では，2泊3日の宿泊を伴う集団生活を通して，各教科や行事で学んだことを生かし，自分に足りないものは何かについて目を向ける。自分自身を律しながら生活し，自分で考えて行動できる人間であってほしいという願いを込めて実践が積み重ねられてきた。

　2泊3日のプログラムの柱の1つに「登山」が位置付けられている。長年山の環境保全に取り組んできた講師の方の活動の意味を理解し，実際に山に登ることでその活動を追体験する。目的は「ヒューマン・セミナー」で学習した内容の追体験ではあるが，生活トレーニング意識の向上や学年・学級組織の活動の充実による自己有用感の醸成，生徒相互の親睦という目的も含まれる（図10-2，図10-3）。

　1年生の「ヒューマン・セミナー」は，生活トレーニングセンターを中核に据え，「これまでの自分」，「今の自分」，「これからの自分」を意識させながら，自分自身と真剣に向き合い，自分の強みだけではなく弱い部分を捉えることで，3年間の学びの基盤づくりとする。

2）校外学習

　校外学習は，学級ごとに県内4か所に分かれて第1次産業を体験する2泊3

図10-4　校外学習での農業体験

図10-5　校外学習での漁業体験

図10-6　校外学習での酪農体験

図10-7　校外学習での畜産体験

日の学年プロジェクトである。講師の方々の生き方に触れたり，実際に働いたりすることで，学校教育目標である「よく考え，誠をもって働く人間」の理想の姿についての考えを深める。

　2学年では学習フィールドを盛岡から岩手全域へと拡大し，調査・体験活動を通じて「『地域と関わる』とはどのようなことか」について考えさせる。

　岩手県は農林水産業が盛んであるが，生徒は農林水産業の実態，農林水産業に従事する方々の思いについては理解が乏しい。本県における農林水産業の実態を調査し，第1次産業に従事する方々と同じ作業を行ったり，お話を伺ったりすることで，岩手を支える人々の思いに触れさせ，あらためて「地域と関わる」とはどのようなことか，校外学習を通して深く考えさせる。養豚業，酪農，漁業，農業，養鶏等，体験する第1次産業の種類も多岐にわたる（図10-4〜

10-7)。

　校外学習の目的は、地域に住み「生きがい」「こだわり」「ひたむきさ」を
もって活動している講師の先生方との出会いを通して、物事を見つめる視野を
広げ、自分自身のこれからの生き方を考え直すきっかけとすることである。さ
らに、講師の先生の生き方から、「『地域と関わる』とはどのようなことか」に
ついて、実感を伴いながら考えを深める。校外学習は、学校外での宿泊行事で
あるため、学級集団への所属感や連帯感、団結、協力を高めることも目的の一
つである。

3）学習旅行

　学習旅行は、魅力的な生き方をしている講師との出会いを通して、価値観の
揺らぎや新たな視点を獲得させ、「人としていかに生きるべきか」についてさ
らに追究する3泊4日の学年プロジェクトである。

　学習旅行は、昭和43年の第1回以降、県内を中心に学習地が選定され、農
業・漁業などの第1次産業の体験が主な学習内容だった。第31回（平成10年）
には、青森県深浦町、秋田県大潟村、宮城県唐桑町等、隣接県にも学習地を広
げた。第35回（平成14年）からは大きく様変わりをして学習地を日本全国に
広げ、体験活動の内容も第1次産業に限定することなく、年度により異なる内
容で実施されるようになり、現在に至る。例として、白神山地、北海道襟裳町、
広島・神戸、新潟、小豆島、屋久島、富士山、金沢、京都、北九州、徳島等、

図10-8　阿波踊り体験（令和元年　学習旅行）

図10-9　座談会（令和元年　学習旅行）

いずれもその時の学年団が熟考を重ね，選定している（図10-8，10-9）。

　第1回学習旅行の時代から，時代は激しく変化し，以前は3学年の学習旅行で取り組んできた第1次産業の体験を2学年の校外学習に位置付け，学習旅行は県内から県外へと変化した。しかし，土地ではなく，その土地で生きる「人」に会うために学習旅行が企画される部分は変わっていない。現在は，生徒自らが主体的に旅行企画に参加できるようにするための手立てを工夫している。

> 学習旅行の目的
> (1) 広い世界に目を向け，視野の拡大を図るとともに，自分たちの生活から想像もつかない世界に触れ，これまでの自分の生き方についての考えをもう一度根底から見つめ直す。
> (2) 自分たちとは違った価値観を持つ人々との出会いから，心や考えを揺さぶられる体験を通して視野を広げ，真剣に見つめ，自分の生き方について深く考えるきっかけとする。
> (3) 社会の矛盾や問題に気付き，その解決に努力した人・広い視野を持って取り組んだ人・困難を克服しながら生活している人・自分の生活のためだけでなく地域社会のために尽力した人たちに出会い，その信念や思いを学ぶ。

　現在，学習旅行の目的を次のように設定している。

　学習旅行を通して，生徒はこれからの社会に目を向けながら，社会の中で逞しく生きる人々の生き様や心に触れ，自分たちの生き方を考え，「人としていかに生きるべきなのか」ということを自らに問いかけ，追究していくための視点を持つのである。

2. 「総合的な学習の時間」における小中連携

　「ヒューマン・セミナー」のねらいを達成するためには，附属小学校の総合的学習「わかたけタイム」で育成を目指す資質・能力を踏まえた系統的な指導計画の策定が不可欠である。

図10-10　小学校の卒業研究発表会　　　　図10-11　中学校のポスター発表

　附属中学校の教員は，「わかたけタイム」の卒業研究発表会を参観し，小学校段階における子どもたちのゴールの姿を確認している。附属小学校の教員は，「ヒューマン・セミナー」で中学1年生が「地域に関わること」についてポスター発表する授業を参観している。研究会で，附属中学校教員と共に小中の総合的学習の年間指導計画について協議し，指導内容を整理している。小学校「わかたけタイム」の卒業研究発表会の様子を図10-10に，中学1年生の「地域に関わること」についてのポスター発表の様子を図10-11に示す。

　「わかたけタイム」で育成したい[**感性**]，「ヒューマン・セミナー」で育成したい[**人間の強み**]について，小学校教員と中学校教員が議論を重ね，年間指導計画を策定している（表10-5）。なお，生徒の実態に応じて，毎年学年団により計画が見直されるため，年度ごとに計画の練り直しが図られる。

　小中の教員が連携することで，発達段階に応じた資質・能力の明確化が図られ，指導内容も改善される。小学校の「わかたけタイム」では，思考を整理するために，フィッシュボーン，マンダラチャート，クラゲチャート，ピラミッドチャート，ウェビングマップ，ベン図等の思考ツールの使い方を指導している。こうした土台の上にある中学校の「ヒューマン・セミナー」では，思考ツールを自分で選択して活用できる力の育成を目指す指導を考える必要性が生まれる。小学校の「わかたけタイム」の卒業研究では，岩手県の特色や魅力，課題を見つめ直し，個人で探究課題を設定して追究し，研究発表では7分間のプレゼンテーションを行う。発表に用いるツールは児童が選択する。中にはプ

表10-5　総合的な学習の時間の年間指導計画例

学年	プロジェクトテーマ	HSテーマ	時期		学習内容
第1学年	自分自身を見つめる	地域を知る	前期	4月	**学習ユニット1：トレセンを中心とした学習**
				5月	「自分自身を見つめる」学習活動。学びの基盤作りとしての学習のスタートとしての位置付け。トレセンへの取り組みを通し，自己をみつめ，何を課題としてとらえ，行動によってどのように変えていくかを考えていく。また，地域課題に取り組む人々からその思いについて自分と照らし合わせて考える。
				6月	
				7月	
			後期	8月	**学習ユニット2：トレセンを発展させ，地域を見つめながら，生き方を追究する学習**
				9月	自分たちの住む盛岡をフィールドに，地域を見つめながら調査活動を行う。地域と関わる人々から話を聞きながら，自分たちがその地域とどのように関われるか，自分自身を見つめながら考える。
				10月	
				11月	
				12月	
				1月	**学習ユニット3：これまでの学習を振り返り，校外学習を見据えた学習**
				2月	これまでの学習を振り返りながら自分に足りないものを見つめ，2学年の学習に向けて「他者から学ぶ」視点作りを行う。
				3月	
第2学年	他者から学ぶ	地域と関わる	前期	4月	**学習ユニット4：校外学習を中心とした学習**
				5月	「他者から学ぶ」学習活動。生き方学習の「自分の課題探し」がテーマとなる。校外学習での取材を体験場面とする。共通テーマに関して，交流・討論による学びの共有・深化を図る。
				6月	
				7月	
			後期	8月	**学習ユニット5：校外学習の学びを発展させ，県内を見つめながら，生き方を追究する学習**
				9月	校外学習での成果を踏まえ，岩手県をフィールドに調査活動を行う。岩手と関わり生きる人々から話を聞きながら，自分たちがどのように関われるか，様々な他者と関わることで追究していく。その成果を論文形式でまとめる。
				10月	
				11月	
				12月	
				1月	**学習ユニット6：学習旅行を中心とした学習①**
				2月	学習旅行に向けての事前学習。学習旅行に向けて，学習地・学習対象を決定し，事前調査活動を行う。
				3月	
第3学年	生き方を考える	地域と生きる	前期	4月	**学習ユニット7：学習旅行を中心とした学習②**
				5月	「学習旅行」を体験場面として価値観の揺らぎを大切にした学習とする。日本・世界をフィールドに自ら学習課題を設定し，様々な生き方に触れながら，人としての生き方を学ぶとともに，日本や世界を取り巻く課題について追究する。
				6月	
				7月	
			後期	8月	**学習ユニット8：3年間を振り返り，生き方を追究する学習**
				9月	3年間の学習を振り返り，自分なりの視点で「生きることとはどのようなことか」という共通学習課題，また個人で立てた学習課題についてまとめる学習。文化祭で発表し，卒業論文としての執筆に向かう。全体で確認した学びを個々の振り返りながら，生涯にわたって心の中に生き続けるような卒業論文を執筆する。全体で交流し，それぞれの生き方を実践していく。
				10月	
				11月	
				12月	
				1月	
				2月	
				3月	

レゼンテーションソフトを使って発表する例も見られ，必要に応じてICTを活用した学習活動が展開されている。今後こうした生徒のレディネスを踏まえると，中学校の「ヒューマン・セミナー」では，ICTを効果的に活用して，相手意識を持ち，「伝える」ことを意識したプレゼンテーションを行うことができるスキルを高める必要性がある。これについては，各校段階の情報教育の計画に反映させる。さらに，小学校教員と中学校教員が児童生徒の実態を捉えて議論することにより，例えば児童・生徒の話し合いにおけるコーディネート力について，その必要性と育成方法についての様々な知見を得ることができ，それらを各校の計画の練り直しに役立てることができている。

3. 「総合的な学習の時間」におけるICTの活用

a 本校におけるICTを活用した学習活動構想の概要

　本校では，ICTを活用した学習活動の充実，主体的・対話的で深い学びの視点からの授業改善に取り組んでいる。授業支援クラウドを活用した生徒の成果物に対する教師によるフィードバック，アダプティブラーニング教材を活用した個別最適化学習，カメラ機能を使った成果物（動画，静止画）の蓄積，ネット検索による情報収集，Web会議ツールを活用したオンライン授業等，必要に応じてICTを活用した教育活動を行っている。

　令和2（2020）年度，校務分掌に新たにICT担当を組織し，教科等で情報端末（タブレット型端末80台等）を活用した実践を重ねながら，「1人1台端末」の環境下でできることを模索し，ICTの活用に子どもたちにどのような力を身に付けさせることができるかを検討している。

b 「ヒューマン・セミナー」の学習過程におけるICTの活用

　図10-12は，本校における「ヒューマン・セミナー」の学習過程である。それぞれの段階で，教科等横断的な視点を意識し，情報及び情報技術を適切かつ効果的に活用した実践を重ねている。

　「対象認知・資料学習」の段階では，何を学習対象とするかを決める。共通

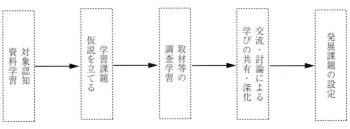

図10-12 「ヒューマン・セミナー」の学習過程

の学習テーマに迫るための切り口・視点を設定し，学習全体の見通しを持った上で，対象について文献やインターネット等で資料収集を行う。ここでは，情報収集・活用スキルを習得する。

「学習課題・仮説を立てる」の段階では，個別に学習課題を設定する。学習課題は，最初は漠然と決めてもよいが，学習が進むにつれて練り直す。単なる予想ではなく，客観的な事実や根拠に基づいた仮説を立てられるようにする。

「取材等の調査学習」の段階では，課題解決のために，現地に赴き，講師の方々に取材をしたり，実際に作業を体験したりすることで，実感を伴いながら学習課題に迫る。

「交流・討論による学びの共有・深化」の段階では，調査結果や自分の考えを発表・交流し，仲間の考えと自分の考えとの共通点や相違点を明らかにしながら，学びを深める。ここでは，ICTやポスター等を活用したプレゼンテーションスキルも必要になる。

「発展課題の設定」の段階では，調査学習や交流・討論の学習で生まれた新たな疑問や課題を発展的にとらえ，次の課題を見いだす。

1)「対象認知・資料学習」「取材等の調査学習」におけるICT活用

講師の先生に出会う前に，講師の先生の職業について，生活する地域の産業，人口，環境等，様々な情報の調査を行う。タブレットやPCを使って主にネット検索で情報収集を行い，収集したデジタルデータはスクリーンショットで端末に蓄積する。市内職場訪問や学習旅行自主研修では，地図アプリで訪問先の位置情報を調べたり，公共交通機関の乗り換え情報を確認したりしている（図10-13）。

図10-13　ICTを活用して情報収集する様子

図10-14　ICTを活用したプレゼンテーションの様子

2）「交流・討論による学びの共有・深化」の段階における ICT 活用

　調査学習のまとめや自分自身の考えのまとめを発信する手段として，プレゼンテーションアプリを活用している。手軽に制作と加工を繰り返し，成果物を蓄積することができるため，調査内容や自分の考えを整理していくことも可能である。相手にわかりやすく伝えるための資料を作成しながら，プレゼンテーションスキルの醸成を図る。発表時のみならず，質問に対する返答の場面でも自在にスライドを使って説明する生徒の姿が見られる（図10-14）。

3）Web 会議ツールを活用した講師の先生との接続

　Web 会議ツールを使うことで，学校では関わることができない講師の先生との交流が可能となる。令和２年度の学習旅行は，学習地を東京都として計画

図10-15　Web会議ツールで講師の先生とやりとりする生徒の様子

図10-16　教員がICTを活用して指導する様子

していたが，新型コロナウイルス感染拡大防止の観点から，計画を変更し，岩手県内で実施することとした。しかし，「ヒューマン・セミナー」の学習の流れは継続させたいという願いから，自主研修で訪問する予定だった東京都の講師の方々とWeb会議ツールでの対面を試みた。訪問する予定であったグループごとに会場となる教室に移動し，オンラインで講師の先生とやり取りする生徒の様子を図10-15に示す。

4）授業における教員のICT活用

　ICTは，生徒だけではなく，教員にも活用されている。各教科等の授業においても頻繁にプレゼンテーションソフトを使った教材が使われているが，「ヒューマン・セミナー」においても同様である。生徒に具体的なイメージを

持たせたい場面では，動画，静止画を使って教室備え付けのプロジェクタ・スクリーンで映し出している（図10-16）。

4. 本実践から得られた成果と今後の課題

a 「総合的な学習の時間」における小中連携

　総合的学習を小中連携の中核に据え，双方の教員が，児童・生徒の活動の様子を実際に見ることで，育成を目指す資質・能力が明確化され，系統的な年間指導計画の作成をすることにつなげられた。附属小学校の「わかたけタイム」と附属中学校の「ヒューマン・セミナー」の学習の流れに一貫性を持たせることで，特に中学校では，これまでの「ヒューマン・セミナー」の構想に「地域課題の解決」という要素を盛り込むことができた。

　持続可能性を担保しながら，資質・能力を体系的にどのように育成していくかについては，今後検討していく必要がある。

b 「総合的な学習の時間」におけるICTの活用

　「ヒューマン・セミナー」の学習過程の各段階において，必要に応じて積極的にICTを活用することで，多様で多量なデジタル情報を端末に蓄積したり，収集したデジタルデータをクラウドで共有したりすることができ，協働的な学習の質の向上が図られている。

　新型コロナウイルス感染症の拡大による学校や都市のロックダウン，直接的交流の自粛という事態になっても，生徒は講師の先生方とWeb会議ツールを活用して接続することで，学習機会を得ることができた。

　一般的に直接経験に勝るものはない。その土地に直接訪れることで，肌で感じられるものは確かにあるのだが，試行的に行ったWeb会議ツールを使った「人との出会い」は，今後の「ヒューマン・セミナー」の在り方に新たな学びの形を示してくれたと考えている。

　今後は，GIGAスクール構想の中核と位置付く「未来の学び」構築パッケージにも示されている「ICTを含む様々なツールを駆使して，各教科等での学

びをつなぎ探究する STEAM 教育」の推進を，総合的学習「ヒューマン・セミナー」が中心となり推進していく必要がある。これらは今後の課題としたい。

引用・参考文献

岩手大学教育学部附属中学校『平成13年度　第25回学校公開教育研究発表会　研究紀要　新しい学びの構想〈次代の可能性を拓く総合的な学びの創造〉（第2次）』2001年

岩手大学教育学部附属中学校『新しい社会に生きる学びの構想——学びの本質に迫る指導とその評価』2018年

岩手大学教育学部附属中学校『学習旅行誌　五十年の歩み——第1回から第50回までの概要』2019年

内閣官房IT総合戦略室・総務省・文部科学省・経済産業省『「未来の学び」構築パッケージ』https://www.mext.go.jp/content/20200219-mxt_syoto01-000003278_501.pdf（参照日：2020年11月9日）

11章

義務教育学校の実践事例
——秋田県井川町立井川義務教育学校「井川みらい学」

1. 開校まで

　秋田県井川町は純農村地帯にある人口4,600人の小さな町である。人口減少が大幅に進み，50年前には1,000人だった児童生徒数は現在3分の1以下となっている。

　こうした中で町は学校を存続させ教育環境を維持する手段として「縦の統合」を選択する。井川町立井川義務教育学校は，秋田県内初の義務教育学校として町内に1校ずつあった小学校と中学校を統合し，全校児童生徒数285名，教職員30名，学年1学級の，県内では中規模の学校として平成30（2018）年4月にスタートした。

　多くの義務教育学校の特色である「4・3・2制」「小学校での一部教科担任制」「異学年交流・縦割り活動」などが開校3年前に出された実施計画で示され，筆者が開校2年前に井川小の校長に赴任した時には準備委員会がすでに発足していた。小中教員が学習指導，生徒指導，特別活動などの部会に分かれて開校後の運営について協議が行われていたのだが，どの部会でも「これまでどおり，小は小で，中は中でやっていきましょう」という結論になっていた。

　義務教育学校の大きなインセンティブである教育課程の特例（設置者の判断で独自教科の実施や指導内容の入れ替え等）を生かしてカリキュラムを学校独自で実施することについての議論もほとんどなかった。もともとこうした特例は

小規模自治体が短期間で構想することは難しいのだが，それにしても新たな学校の特色がほしい。子どもたちはもちろんだが，いまだ小中ばらばらな教職員，保護者や地域も一体になれる学校文化の核が必要だと強く思った。

そこで提案したのが，「井川みらい学」と「井川讃歌」である。

a 「井川みらい学」構想

秋田県では学校教育共通実践課題としてふるさと教育を設定してからすでに30年近くになる。その後，地域に根ざしたキャリア教育という新たな柱も加わって，多くの学校では「総合的な学習の時間」（以下，「総合的学習」と略記）を中心に豊富な実践が積み上げられてきた。

しかし，この分野での小中の接続は思いのほかに進んではいない。「井川みらい学」は，小学校のふるさと学習を中学校まで拡充するとともに，中学校でのキャリア教育を小学校から段階的に積み上げ，バランスや系統性，接続を第一に考えたプランである。新しい取り組みを多く行うことは「小中の大きな壁」がある今は不可能と考え，まず小中の現在の実践を基本にして，子どもや教員にイメージが明らかになるよう，具体例を挙げて示してみた（図11-1）。

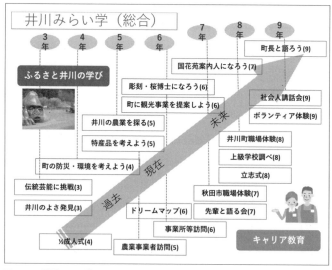

図11-1　井川みらい学のイメージ

仕掛けをいくつかした。プログラムの中に6年生と7年生が共通した取り組みを行うようにすること，町民への提案型の学習を積み上げて，最終的には9年生で町長と議論できる力を付けること，キャリア教育では，社会人講話会などをおいて，外に開かれた学校を示すことなどである。

b 「井川讃歌」の制作

開校3年前，新たな学校の校歌は中学校校歌を第一校歌，小学校校歌を第二校歌とすることがすでに決まっていた。これまでの伝統を引き継いでいくこともももちろん大切だが，小中を超えて新しい学校文化を創造していく決意が必要だと考えた。そうした折，長野県信濃小中学校の全校合唱の実践に出会ってこれだと思った。いくつかの曲を下の学年から順に担当していき最後に全校で合唱する組曲は，子どもたちが成長のバトンを引き継ぎながら学校全体で新しい文化を創造するという統合の象徴にふさわしい。

すぐさま中学校の校長と相談し，この学校の主人公は子どもたちであることを制作の過程で宣言したいと考えて，歌詞は小中学生に公募し，作曲は中学校の音楽教師にお願いすることにした。歌詞は，応募してきた言葉をベースに明治以来の町の小中学校校歌の歌詞を織り込んだほか，町の昔話も群読風に取り入れて筆者がまとめ，ふるさと学習の一環にもなるよう配慮した。

1年以上かかり，開校直前に曲は完成した。初年度は開校式を含めて3度披露されたが，曲が難しいため全曲披露までには至らず，全曲を公開できたのは2年目の学習発表会となった（図11-2）。

町の名を冠した「井川讃歌」は多くの町民に感動を持って受け入れられ，次の機会を楽しみにしているという声がいつもたくさん寄

図11-2 「秋田魁新報」記事（2019年12月29日付）

せられる。しかし，この曲を最も楽しみにしているのは子どもたちである。下級生は上級生の歌声を聞いていつかそのパートを歌いたいと願い，上級生は全校をリードする喜びを歌に感じるという。9年間をこの学校で過ごして初めて5曲からなる組曲を全部歌えるようになるというのがこの「井川讃歌」だ。

2. 開校して

平成30（2018）年4月，筆者は小学校長から町の教育長に，義務教育学校の校長には中学校長が，副校長には小学校教頭がそれぞれ就任し，入学式兼開校式では，1年生が9年生に手を引かれて入場した。新校長は「一つの学校」をスローガンに掲げ，1年から9年までの運動会や文化祭，全校縦割り活動での花植えなど新たな活動に取り組む。しかし，教員からは「職員全体でがんばっている気がしない」「意見を互いに遠慮して言い合わない」といった不満や，9年生からは「我慢して生活していて満足度が低い」「私たちは被害者」といった声も聞かれるなど，開校前からの小中間の大きな壁は解消したわけではなかった。

a 「ふるさと講座」の実施

総合的学習は，横断的・総合的な学習を行うことを前提にしており，全校の教師や児童生徒が共通して関わることができる教科である。また探究の過程を学年や学校の枠を超えて表現することを特質とし，教師間の協働，地域との協働が不可欠であるという特徴を持っている。

スタートした学校が1つになるためには「井川みらい学」の充実が必要であり，教育委員会としてもそれを支えていきたい。そのための取り組みとして，ふるさとへの強い思いを持ち社会をたくましく生きている井川町出身の先輩から話を聞く「開校記念行事・ふるさと講座」を開催することにした。

初年度には，井川を描いた小説で「ふるさと秋田文学賞」を受賞した共同通信社の石坂仁氏，2年目にはアクティブラーニングの権威である日本大学の故渡部淳教授（図11-3），3年目はふるさとをテーマにした多くの著作がある出版

社社長三浦衛氏を招いた。石坂氏の講座では氏の中学時代の恩師でもある教員が登壇して語り合ったり，渡部教授の講座では最後に８年生から「授業が活発になるように変えていきたい」という発言があり教員が苦笑したりと，教員と子どもたちの一体感が深まった。

図11-3　渡部淳教授の講座風景（５年生以上）

　そして各氏からは，「なぜふるさとを大切にしているのか」「ふるさととは何か」「ふるさとと日本や世界」「働くことの意味」などが次々に語られた。子どもたちは自分たちの先輩から聞くふるさと観や職業観，社会の見方などに大いに触発されることになる。それは「井川みらい学」への関心を高くしたり探究心を高めたりすることにもつながった。

　また，講座の前には，講師の作品をテキストに異学年交流授業を行ったり，５年生から９年生までが一堂に会した講座を授業形式で行ったりと，対話や討論を通して学びを深められるようにした。特に５年生と７年生，６年生と８年生といった異学年がペアで学ぶ時間には，互いに意思疎通を図ろうと苦労しつつもテキストを読み込む話合いが深まった。

b　「井川みらい学」全校発表会

　一方，学校では「井川みらい学」を１つの学校の総合的学習としてのカリキュラムにするために，課題解決のための情報収集と提言を外に発信する発表会を全校で行うことを計画に盛り込んだ。しかし，初年度は６年生以下しか実施できず，２年目になり，副校長から昇任した校長のリーダーシップにより，互いに研究成果を見合う４年生以上の集会と，PTAの授業参観を利用して保護者に発信する発表会の２つをセットにした全校発表会をようやく開催できた（図11-4）。

図11-4 「井川みらい学」発表会（5年生以上）

集会は7年生と8年生が職場体験の報告となって目指していた提言で統一した形にはならなかったが，それまで互いに見合うことのなかった各学年の学習の結果を初めて交流することができた。また，授業参観で一斉に「井川みらい学」の発表を保護者に伝えることで，学校がふるさと学習を通して目指すものを統一して伝える姿勢を示すことができた（表11-1）。

上から与えられたプログラムだけではなく，ゴールを設定してそこに向けて協働で取り組んでいく中で，学習過程を自らが変えて行こうとする挑戦の第一歩であった。

c 願人踊り（3年生）といきものふるさと水槽（4年生）

表11-1 「井川みらい学」一斉授業参観発表会

井川みらい学発表会（一斉授業参観）各学年発表内容
1年　子どもセンターとの交流会
2年　井川町「まちたんけん」発表会
3年　「願人踊実演」「手踊り実演」「願人の歴史について」
4年　「井川水質調査結果」「生き物水槽」「町の防災について」グループでの発表
5年　「米づくりの課題とこれから」グループでの提案
6年　「井川町の観光事業の提案」グループでの提案
7年　「働くことの意義を考える」グループでの発表
8年　「職場体験発表」職場ごとに発表
9年　「井川町の将来を考える―未来への提言」グループでの発表

さらに，改善は外からの働きかけによっても生まれた。

4年生では，これまで10年以上にわたり，八郎湖周辺の小学校などで環境学習を推進するNPO法人はちろうプロジェクトが総合的学習にかかわってき

た。開校後，このNPOから，
「9年間の義務教育学校にふさ
わしい取り組み」の提案があっ
た。校地に大型水槽を設置して
水草を育て，それがトンボの産
卵場所になるよう環境を整え，
学校や地域のシンボルとなるよ
うな「トンボの里」にするとい
うもので，学校はすぐに快諾し
た。千葉県立中央博物館の林先
生が年間を通して指導をし，水
槽は秋田県立大が貸与。苗植え
には県立大生も助手として参加

図11-5 「秋田魁新報」記事 (2019年5月24日付)

してくれるなど，NPOを通して多くの関係機関と手を結ぶことができた（図
11-5）。

　3年生は「文化・伝統を学ぶ」をテーマに，これまで町の民俗資料館で学習
したり資料で学んだりしてきた。そこに開校してから間もなく，今戸という町
内で5月5日に神社に奉納する「願人踊」と「手踊り」を指導している児童館
の厚生員から，踊り手の子どもが不足しており学校でも呼びかけてほしい旨の
依頼があった。学校では町で唯一とも言える伝統芸能を学ぶまたとない機会と

図11-6　3年生の願人踊発表会

とらえ，一部の子どもではなく全員に踊りを教えてほしいと逆に依頼し町内の保存会の協力も取り付けた。授業では全部で7時間を踊りの学習時間に設定し，保存会からは常時3人の指導者が来校したほか，「手踊り」にも町内の踊りの指導者が2人来てくれて，熱心に指導をした。

　初年度，校内だけの発表会は，2年目には5，6年生の集会に地域の人たちも招待して盛大に行われた（図11-6）。こうした取り組みで，一町内の行事が多くの子どもたちや保護者に認知されるようになったほか，今戸町内での行事に踊り手として出たいと希望する子どもが何人も出るなど効果が目に見えて現れた。

　今戸の指導者たちは，3年生の「通過儀礼」で将来は町民すべてが願人踊をできるようになる日が来ると，目を細めていた。

d　日本国花苑案内人養成プロジェクト（6年生・7年生）

　学校種の壁を越えるためには，6年生と7年生（中1）で連続した学習や取り組みを行うことが最も有効だろう。そのためには時間をかけて多様な考察や分析ができる課題がふさわしい。井川町の大きな課題は人口減少に関連した基幹産業の農業や医療，防災などへの対応であるが，課題の中でいまだ手つかずの観光については，子どもたちにとって取り組みやすい分野である。幸い，旧井川小は観光の中核となる日本国花苑に隣接しており，イメージも膨らませやすい。

　そこで，6年生は町の観光事業の提案を目標に，パンフレットづくりを通して観光の基本を学んだり，苑内にある200種2,000本の桜の木の種類や，10年にわたり実施された彫刻コンクールの優秀作品40点の説明ができるガイドになろうと練習したりして学習を進めた。12月の発表会で事業提案を行った後は7年生に進級するまで，日本国花苑で観光客に接する練習を行った（図11-7）。

図11-7　日本国花苑で案内する7年生

秋田の桜は5月初旬が満開となる。日本国花苑の「さくらまつり」の中日，7年生の案内業務がスタートした。最初は恥ずかしがっていた生徒たちも，来苑者と少しずつ会話が続くようになり，用意したアンケートにも多くの方々から書いてもらったことに満足していた。

e　ふるさとは住むに値するか（9年生）

　7年生以上の総合的学習の内容を大きく転換させる布石としたのが，9年生の「町長と語る会」（図11-8）の設定である。統合前には6年生が「井川みらい学」の総仕上げとして，各分野の提言を踏まえて学んだことを町長に直接提言する会を実施してきた。それを義務教育学校の最終学年である9年生が行おうとしたものだが，1年目の実施は見送られ，2年目になってようやく会が行われる。

　しかし，9年生で初めて行った語る会では，観光や産業の提案について37歳の若い齋藤町長から，データや環境，財源や費用対効果の観点から多くが再考を促された。また，一町民としての主体性や当事者意識の欠如も指摘された。町長からは6年生と同じレベルの提言ではなく，9年生にふさわしい提言となることを期待する意図の発言であったことを後でうかがった。

　3年目に入り，9年生のプログラムに変化があった。前年度の提言の調査活動の前段に「ふるさとは住むに値するか」という単元を置き，初めに全国各地の転勤を経験し，今は町に戻ってきた学校のOBを招いて，話合いを行った。OBは，「定年で会社が終わったが，自分は結婚までは自分のために，結婚後は家族のために，子どもが自立してからは地域のために生きたいと考えた。自分が生まれ育った井川に帰ってきたのは自然だった」と語りかけると，生徒たちからは「井川のよさを自分はまだ見つけていない」「まず，外に出てみたい。そうしないと井川のよさに気付けない」などという意見が出された。

　その後，9月の学校祭では，「井川みらい学の未来」と題し，都会に出たグループと地元に残ったグループが，互いにふるさとを語り合うという劇を上演した（図11-9）。10月の「ふるさと講座」では講師の三浦衛氏に9年生の代表が「ふるさとの意味は何か」「なぜふるさとを持つことが必要なのか」などの

図11-8　町長と語る会

図11-9　学校祭9年劇

質問を重ねてディスカッションを行い，12月の「町長と語る会」で1年間の学習を終える。

　9年生は忙しい。しかし進路選択の年の生徒たちだからこそ，自分の将来とふるさとを重ねてどちらも深く向き合おうとすることが可能になる。9年生のプログラムの変化で，ようやく9年間の一貫したカリキュラムが見えてきた。

3.「井川みらい学」の未来

a　評価と課題

　決して順調ではないスタートから3年が経過しようとしている。

　初めから完成されたプログラムがあるわけではなくゴールも見えない「井川みらい学」の取り組みは，教員，子ども，地域の協働が前提となる総合的な学習の時間という舞台があったからこそ前進できたと思われる。

　とりわけ，ふるさと学習の実践が薄かった7年生以上の生徒の関心意欲が，学年でバラつきはあるものの総じて高まった（図11-10）。これは小学生よりも質的に高い中学生らしい探究の形が授業の中で取り入れられたことが大きい。

　また，開校初年度に設置された学校応援協議会（コミュニティスクールの井川町版）でも，委員たちが学校の教育活動に積極的に後押しをしてくれ，「井川みらい学」への助言や協力を惜しまないといった表明も大きな力になった。

　何よりも，教員の意識改革が進んだことである。「1つの学校」になったと

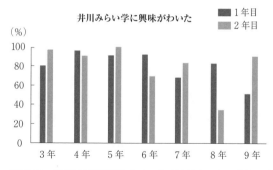

井川みらい学に興味がわいた

■ 1年目
■ 2年目

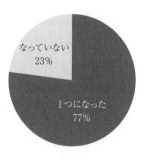

なっていない 23%

1つになった 77%

図11-10　児童生徒学校評価アンケート（2018年・2019年）

図11-11　教職員学校評価アンケート（2019年）「1つの学校になったか」

感じる教員は，1年目末は46%だったが，2年目末には77%と倍近くになった。また，前向きなコメントも大幅に増加した（図11-11，表11-2）。

表11-2　教職員学校評価アンケートのコメント（2018年・2019年）

平成30（2018）年度（開校1年目）	平成31（2019）年度（開校2年目）
・職員全体でがんばっている感じがしない。 ・適正な校務分掌にしてほしい。 ・前期課程（小）と後期課程（中）に大きな壁がある。 ・まだ途中。今は生徒が我慢していることが多いです。 ・教職員間の話し合いの時間が足りない。	・1つの学校になろうとしている。現状で完成形はなくまだ発展していける。 ・まだまだ発展途上。もっとよい学校にできるはず。 ・小中のそれぞれが行っている活動の意味を，この学校に来て初めて考えた。 ・イメージとしては一つになった。

　一方，「井川みらい学」の実践例を定式化されたやり方ととらえたり，前年踏襲主義や行事代替をプログラムに置くなどの課題も依然ある。井川のような少ない教職員での課題解決の成否は，教員が一人で考えずに協議したり議論したりすることの有無にかかっている。一人ひとりの教師が柔軟で幅広い視点を持って総合的な学習の時間を充実させるために，管理職や研究主任などの強力なリーダーシップもますます必要となるだろう。

b　今後の教育委員会の支援

　一方，ふるさと学習への子どもたちの探究が深まるよう，学校を支える取り

組みが教育委員会に求められている。

　井川町教育委員会は，激励や助言だけではなく実際にふるさとをもっと深く考える契機を提供しようと，今年度，教育委員会では町出身者の副読本制作に取り組んでいる。戦後，秋田市長も務めた町の名誉町民第一号である武塙三山は，多くの優れた故郷を描いた著作を残した文人でもある。しかし戦後生まれの多くの町民の認知度は大変低く，まして子どもたちはほとんど知らない。

　そこで，町内外の文学関係者と学校の教員が協働で三山の全著作を調べ，子どもたちに提供するにふさわしい作品を選定する作業を開始した（図11-12）。教員も含めて，改めて三山の郷土愛や魅力を再認識するとともに，教員と学校外の関係者が共通のテーマにそって意見交換をしながら探究することの大切さに気付くことができた。

　今後もふるさと教材の発掘や再評価をする場を教育委員会として提供することで支援をしていく予定である。

　また，学校図書館の郷土資料整備も教育委員会として後押しする。町出身者の著書や資料については，その収集や保存について学校だけでは困難である。散逸した図書や古書等の購入についても教育委員会として進めながら，町でた

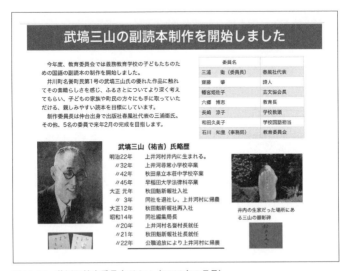

図11-12　井川町教育委員会だより（2020年5月号）

だ一つの学校に集中的に展示をし，町民も含めたふるさと学習センターとして学校図書館を機能させる取り組みも今後予定している。いずれにしても，学校，地域，行政が一体となって進める「井川みらい学」を目指したい。

参考文献

・中留武昭監修，熊本県立鹿本高校編著『生徒の自分探しを扶ける「総合的な学習の時間」——教師が協働する熊本県立鹿本高校の実践』学事出版，2003年
・高橋興『小中一貫教育の新たな展開』ぎょうせい，2014年
・伏木久始・峯村均『山と湖の小さな町の大きな挑戦——信濃町の小中一貫教育の取り組み』学文社，2017年
・文部科学省『小学校学習指導要領　総合的な学習の時間編』東山書房，2018年
・文部科学省『中学校学習指導要領　総合的な学習の時間編』東山書房，2018年

12章

小中高一貫の実践事例
—— 岩手県住田町公立小中高5校「地域創造学」

　本章では住田町教育研究所を母体とする小中高5校が文部科学省研究開発学校の指定を受け，学習指導要領等の国の基準によらない教育課程の編成・実施を認められた状況において，小中高一貫した教科「地域創造学」を設定し，その指導方法等の開発に取り組んだ際の実践例を紹介する。

1. 住田町の研究開発学校事業の概要について

a　研究のねらい

　岩手県の中山間地域に位置し，豊かな自然に恵まれた住田町は，人材の流出，地域の疲弊・衰退への不安という課題に直面してきた。町教育研究所及び町内の小中高5校は，これらの課題に向き合い，人材育成を最重要課題として，これまでもその風土を生かした教育を推進し，一人ひとりの児童生徒に自分のよさや持ち味を発揮しながら意欲的に学習に取り組ませることを通して，素直で心優しい心情や態度を育んできた。しかし，本町に限らず，地域を支える人材の流出は後を絶たない。

　その一方で，時代の移り変わりによって価値観が多様化する中で，これからの子どもたちには，正解のない問題を他者と協働して解決に当たろうとする力や，複数の正解がある社会に対応し，乗り越えていく力を身に付けていくことが求められている。

　このような地方の現状や求められる資質・能力の変化の中で，住田町におい

ては，地域の未来を担う人材を育成しようとする「地域をフィールドにした意図的な学習」を通して，これからの時代を切り拓き，たくましく社会を生きようとする資質・能力を育んでいくことができるのではないかと考えた。

そこで，教育研究所を母体とする小中高5校（世田米小学校，有住小学校，世田米中学校，有住中学校，県立住田高校）が平成29（2017）年度から4年間の文部科学省研究開発学校指定を受け，地域に根付く特色ある産業や豊かな自然，人々の営み全てを教育資源として活用した小中高のつながりのある学びの実現を，「新設教科『地域創造学』を中核に据えた教育課程の実施」を通して図ることを目指す研究開発に取り組むこととした。

b　研究の方針

研究のねらいを踏まえ，本研究開発においては，小・中学校及び高等学校が育成を目指す資質・能力を共有し，一体的に推進する教育を展開することとした。具体的には，12年間を通して，「子どもたちが変化の激しい社会において，充実した人生を実現していくために，豊かな心を持ち，自ら主体的に未来の社会を創造していくことのできる力（社会的実践力）の育成」を目指し，以下大きく3点について，具体的な研究実践を通して提言を行う。

・「社会的実践力」を育むため「地域創造学」を据えた教育課程の編成をすること
・「社会的実践力」を効果的に育む指導方法を探ること
・「社会的実践力」を評価するための具体的指標の開発を行うこと

c　教育課程の特例（以下①～③は令和2年度の特例）

①小学校では，生活科，道徳，外国語活動及び総合的な学習の時間を減じて，全学年において「地域創造学」を1学年106時間，2学年110時間，3～6学年85時間設定。

②中学校では，全学年において，道徳，外国語及び総合的な学習の時間を減じて「地域創造学」を1学年62時間，2～3学年82時間設定。

③高等学校においては，1～2学年において総合的な探究の時間を減じて，

3学年においては総合的な学習の時間を減じて，「地域創造学」をそれぞれの学年で1単位35時間設定。

d　取組の経過（主な取組を抜粋）

1）育成すべき資質・能力の検討

小中高5校の教員と，町教育研究所とが「地域創造学で育成すべき社会的実践力とは何か」について地域や児童生徒の実態を基に検討を重ね，12の資質・能力に整理した。また，小中高に保育園年長児を加えた13年間を通して町全体で目指す子どもたちの育ちの姿を俯瞰しながら，5つのステージにおける社会的実践力について，その系統性を明らかにした（表12-1）。

2）新設教科「地域創造学」学習指導要領（試案）の作成

教科「地域創造学」の目標及び目指す資質・能力，内容等を記載した学習指導要領（試案）を作成した。地域創造学の目標は以下のとおりである。

> 住田町及び近郊地域社会をフィールドにした横断的で探究的な学習活動を意図的・計画的に行うことを通して，新しい時代を切り拓き，社会を創造していくための社会的実践力を身に付けた心豊かな人材を育成することを目指す。

3）学習指導要領解説地域創造学編（試案）の作成

小中高が共通して児童生徒の主体性を重視した指導方法等に取り組んでいくために，指導や評価に関わる基本的な考え方等が示された学習指導要領解説地域創造学編を作成した。

例えば，児童生徒の主体性を重視した指導を行っていく上で，教師が探究のプロセスを意識していくことが大切になる。

図12-1は，学習指導要領解説に示された地域創造学における探究の6つのプロセスである。一般的な探究のプロセスは，「問題の理解」をスタートとし，「課題設定」，「情報収集」……と進んでいくことが多い。しかし実社会・実生

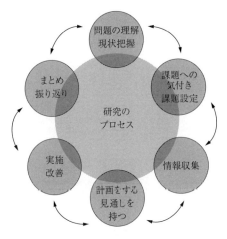

図12-1 探究の6つのプロセス

活において問題場面やその課題解決を迫られたとき，試行錯誤を繰り返しながら，何度も「見通し」と「実施」を繰り返したり，時には「問題の理解」までさかのぼりながら課題を解決したりしていくことが多い。このように社会的実践力が効果的に育まれるためには，児童生徒が「本物の教材」に触れ，一定の手順では簡単に課題が解決しない事柄に取り組むことの楽しさを実感できるようにすることが大切である。地域創造学においては，小中高で一貫してこのような学びのプロセスの往還を大切にした指導に取り組んでいる。

4)「地域創造学」年間指導計画の作成

　第2年次までの授業実践を踏まえ，意図的・計画的な視点を大切にして年間指導計画の作成に取り組んだ。「意図的」とは，発達段階を踏まえた学びのステージに沿って，その時期だからこそ学ぶ意義や価値が大きい学習内容を，ふさわしいステージに位置付けることである。「計画的」とは，学習内容のつながりや学習方法，児童生徒の資質・能力の系統性を吟味して位置付けることである。

　第3年次はこの年間指導計画に基づいて授業実践を行い，授業研究会等を通じて，社会的実践力の系統表と照らし合わせながら，社会的実践力を育成して

表12-1　各ステージにおける社会的実践力の系統表

☆　汎用的スキル　　★態度・意欲・学びの価値

資質・能力の分類	A〜Dに関する各資質・能力とその定義			第1ステージ		第2ステージ
				年長 / 小1	小2	小3 / 小4
A　地域理解	自分たちの地域の歴史や文化、現状や抱えている課題、活用資源を理解し、ふるさとに愛着を持ちながら町の発展・創造に関わる自分の役割等を捉える。			身近な「ひと・もの・こと」との関わりを通して、自分たちの住んでいる場所のよさとして受け止めることができる。		地域の人々の暮らし、生活の知恵や伝統など、住田固有のよさについて理解を深め、それらを大切にし地域に積極的に関わることができる。
B　社会参画に関する資質・能力 「ひと・もの・こと」等の地域の実情を理解し、身の回りにある課題や問題をとらえ、これからの地域の在り方や、よりよい社会づくりについて提案・発信することに関する資質・能力	1	☆見通す力	【☆見】	自分や集団にとっての課題や問題を発見し、その解決方法を見いだす問題発見力。情報を適切に活用する力。目標の達成に向かって解決の道筋を見通す計画する力。	身近な「ひと・もの・こと」について思いや願いを持ち、その実現に向けて、目標を自ら設定して計画を立てたり、手順を考えたりしながら、取り組むことができる。	身近な「ひと・もの・こと」に関わり自分にとって価値のあると見いだした課題について、解決の計画を立てて取り組むことができる。
	2	☆多面的・多角的に考える力	【☆多】	根拠を明確にしながら様々な見方や考え方で検討する力。批判的思考力。考えや解釈の妥当性を考える力。予測し判断する力。	具体的な遊びや活動体験を通して、心と体を一体的に動かしながらあれこれと思いを巡らせて活動に取り組み、自分なりにその価値を意味付けたり価値付けたりすることができる。	課題を解決するために、共通点や差異点をもとに比較したり、根拠をもって関係付けたり、条件付けたり、多面的に調べたりしながら、
	3	☆提案・発信する力	【☆提】	地域への愛着を持ち、よりよい社会づくりに向けた取組を提案する力。解決策や考えたことについて効果的な発信方法を考える力。新しい視点や価値観を生み出す力。	周囲の「ひと・もの・こと」と関わりながら、楽しかったことや感じたことを絵や言葉などで表すことができる。	捉えた町のよさがよりよく伝わるように、様々な方法のまとめ方を学び、発信方法を広げることができる。
	4	★好奇心・探究心	【★好】	身の回りや地域の事象に興味関心を持つ態度。もっと知りたいと思う心。知りたいことや解決したいことを見つけようとする姿勢。	自分を取り巻く「ひと・もの・こと」に自発的な関心を向け、それを自分自身にとって意味のあるものと感じ取り、積極的に関わろうとしている。	
	5	★困難を解決しようとする心	【★解】	失敗してもあきらめずに挑戦しようとする心。集団の仲間とともに困難な場面に直結しても粘り強く取り組み、最後までやり遂げようとする姿勢。	興味・関心のあることだけでなく、自分のやるべきことをしっかりと行い、やり遂げた喜びを味わう経験を積み重ね、自分にとって難しいと思うことでも最後までやり遂げようとする。	
C　人間関係形成に関する資質・能力 学びを深めたり、目標の達成を行ったりするために、他者と協力することに関する資質・能力	1	☆伝え合う力	【☆伝】	調べたことや自分の考えを伝える力。視覚的に伝え方を工夫する力。気持ちや感じたことなどを伝える力。双方向的に伝え合う力。	地域の出来事や自分の生活等について、身近な人々と思いや考えを伝え合い、関わることが楽しさが分かり、進んで交流することができる。	丁寧に理由付けたり、事例を挙げたりしながら、自分の考えを伝えることができるとともに、話し手の伝えたいことや自分の聞きたいことの中心を捉えて聞き、考えを伝え合うことができる。
	2	☆協働する力	【☆協】	目標達成に向かって、他者と協力して活動できる力。議論し合ったり、集団活動を統制したりする力。	友だちや身近な人々と楽しく活動する中で、共通の願いや目的を見いだして工夫したり協力したり、問題を解決しようとしたりすることができる。	共に活動する仲間等と、互いの思いや願い、考えを交流しながら、力を合わせて取り組むことができる。
	3	★他者受容	【★受】	多様な他者の考えや価値観、立場を受け入れる態度。相手を尊重して敬意を抱いたりする心。	身近な人々と一緒に活動する経験を積み重ねることにより、相手にも思いや考えがあることに気付き、仲良く活動することの楽しさや助け合うことの大切さを感じ取っている。	地域の人々や仲間の思いや願い、考えを大切に受け止め、自分の異なる意見や考えについて、その背景にあるものを考えながら大切に捉えている。
D　自律的活動に関する資質・能力 自分自身の置かれている状況や考え、感じていることなどを認識し、それに応じて正しい方向に調整しながら学びや活動を推進することに関わる資質・能力。	1	☆感じ取る力	【☆感】	自己の現在の姿を見つめる力。考えや発想、思いを自分自身で捉えたり、捉え直したりして、これからの自分の学びや活動をよりよいものに調整しようとする力。	関わる「ひと・もの・こと」と自己を結び付けながら問い直したり、自分の生活とのつながりを見いだしたりして、自らの生活を豊かにしようとすることができる。	課題の解決に向けた取組の進捗状況を振り返り、自分の現状を認識してこれからの学びや活動に必要なことを捉えることができる。
	2	☆創出する力	【☆創】	出会う「ひと・もの・こと」に触れて面白さや楽しさ、よさを感じ、自分なりに表現する力。新しい表現の仕方を生み出したりする力。	自分の感性や気持ちを表すことを楽しんだり、表現を通して対象との関係を作り上げて楽しんだりすることができる。	感じたことや考えたことをもとに、自分の感性や創造性を発揮しながら、発想したり創意工夫したりすることを楽しむことができる。
	3	★自己肯定感	【★肯】	学びの過程や活動を省察したり、最後までやり遂げた達成感を味わった上で捉え、高めていく自分の可能性を前向きに受け止め、より高いもの・よりよいものを目指して取り組もうとする態度。	自分ができるようになったことや生活の中での自分の役割が増えたことを喜び、前向きに過ごそうとする気持ちを持っている。	自分のことは自分で行い、よく判断して行動し、自分のよさや可能性に気付き、よい所を伸ばそうとする。

第3ステージ			第4ステージ			第5ステージ	
小5	小6	中1	中2	中3	高1	高2	高3
住田の歴史, 文化, 産業, 先人などに関する住田ならではのよさや文化遺産を通して受け継がれているものを捉え, 自己の生き方の関わりで考え続け, さらに発展させていこうと取り組むことができる。			地域の発展に貢献した先人の業績や, 経済や産業などの現状を踏まえ, 住田固有のよさを継承したり, 現在住田町が抱えている課題について, よりよい解決を目指したりするなど, 積極的に地域の一員として生きる自分を自覚しながら取り組むことができる。			地域の「ひと・もの・こと」とつながりながら, これからの町づくりについて考えを深め, 住田で学び, 暮らしていることに誇りをもち, 地域社会の一員として住田町の発展に寄与することの大切さを捉え, 取り組むことができる。	
自分が見いだした課題に対して根拠のある予想や仮説を持ちながら, 解決方法を考えたり, 自分の考えを絶えず見直し検討したりすることができる。			これからの地域の在り方に願いを持ちながら, 抱えている複雑な問題に対して, 様々な情報から因果関係を見通し, 地域の人々や仲間とともに解決に向けての方向性や取組を検討し, 判断することができる。				
妥当性のあるよりよい考えを見いだすことができる。			課題を解決するために, 調べた情報や考えなどを関係性や特徴などについて分析して解釈し, より妥当な考えを作り出すことができる。				
よりよい社会づくりに向けた取組について, 相手に応じた表現や提案の仕方, 発信方法を選択・決定し, 取り組むことができる。			持続可能な社会づくりの視点から, これからの住田町にとって必要な事柄や対策について具体的に提案し, 自分たちの発信後の効果を想定しながらよりよい発信方法を工夫して, 地域から広がりのある発信をすることができる。				
周囲の「ひと・もの・こと」に自発的な関心を向け, それを自分自身との関わりで意味付けをしながら, 自分で取り組むべき課題を見いだそうとしている。			周囲の「ひと・もの・こと」に関して自分が見いだした課題について, 主体的に学習活動を展開し, 自分なりに納得できる答えを探り求めていこうとしている。			唯一の正解が得られない具体的な問題や未知の課題についても, 目的意識を明確にして自立的によりよく問題を解決しようとしている。	
困難な場面に直面しても, 共通の目的に向かって仲間と共に粘り強く取り組み, 失敗してもその経験を生かしながら最後までやり抜こうとする。			目標の実現には困難や失敗の体験を乗り越えることが大切であることや, 思い通りの結果にならなくても挑戦し続けることの大切に気付き, 着実にやり遂げようとする。			目標の実現は困難や失敗の体験を乗り越えることが大切であることや, 思い通りの結果にならなくとも挑戦し続けることが日々の生活を充実させていくことにつながることに気付き, 社会の発展を支えていこうとする。	
資料を活用するなどして自分の考えが伝わるように表現を工夫したり, 互いの立場や意志を明確にしながら伝え合い, 考えを広げたりまとめたりすることができる。			自分の考えが伝わるように, 場の状況を判断しながら言葉を選ぶなどの適切な働きかけを行ったり, 様々な立場や考え方を尊重しながら他者の考えを受け止めて相互理解を深めることができる。			自己の思いや意見を適切に伝え, 他者の意志等を的確に理解することや, 様々な立場を理解し, 異年齢の人や異性等, 多様な他者と場に応じたコミュニケーションを図ることができる。	
共通の目標に向かって, 仲間や関わる人々の中で, 自分の立場や果たすべき役割を果たしながら, 様々な活動に積極的に活動することができる。			様々な集団での活動において, 活動する意義や目標を捉え, 互いに協力し励まし合う関係を築き, その中での自分の役割や責任を自覚し, 集団の一員として活動することができる。			様々な集団での活動において, 集団の一員として, よりよい活動や生活に寄与できるような自分自身の在り方を振り返り, 所属感を高めながら取り組むことができる。	
地域の人々や仲間の思いや願い, 考えを共感的に受け止め, いろいろな見方や考え方があることを理解し, 広い心で異なる意見や立場を尊重しようとしている。			関わる人々について様々な個性や立場を尊重し, 広い視野に立ってものの見方や考え方があることを理解し, よりよいものを求めようとする。			自己の思いや意見を適切に伝え, 他者の主張を的確に理解し, 自分自身を高めながら他者と共に生きることの意味をとらえている。	
課題の解決に向けた取組の進捗状況を振り返り, 目的を捉え直したり自分の考えの妥当性を検討して, 自分にとってよりよい達成を目指すことができる。			様々な観点から課題の解決や目標の実現状況を捉え, 物事の本質を見極めながら, よりよい自己実現に向けて探究することができる。			様々な観点から課題の解決や目標の実現状況を捉え, 物事の本質を見極めながら, よりよい自己実現や生き方を志向し探究することができる。	
目的や条件等を踏まえて, 感じたことや考えたことをもとに自分の感性や創造性を発揮しながら, 発想したり構想したりして, 自発的に創意工夫して表すことができる。			感じたことや考えたことをもとに, 新たな発想やイメージを広げたり生み出したりするなど構想を練り上げて, 創造的に表すことができる。			目的や意図に応じて自分の考えを表現する方法を創意工夫し, 豊かな感性を育みながら創造的に表現することができる。	
目標を持ち, 自分のよさや持ち味を発揮しながら, その実現に向かって努力し, 自分にとって学ぶことの意味や価値を見いだし, 自分の生き方につなげて考えようとする。			自分を見つめ, より高い目標に向かって着実にやり抜く強い意志を持って取り組み, 学習の成果から達成感や自信を持ち, 自分のよさや可能性に気付き, 自分の人生や将来, 職業を考えていこうとする。			これまでの学習を通して自分に身に付いた力を客観的に見つめ, 自信を深めるとともに, 将来の人生設計に生かしていくために必要な進路選択を主体的に自己決定しようとする。	

いくための内容となっているか等について議論を重ね，年間指導計画の見直しを行った。冬休みから３学期にかけて小中高の全校種の教員が集まる見直しの機会を定期的に設定し，どのように評価するのかを分かりやすくするための様式等も含めて，さらに修正を行った。

5）教育研究所の組織について

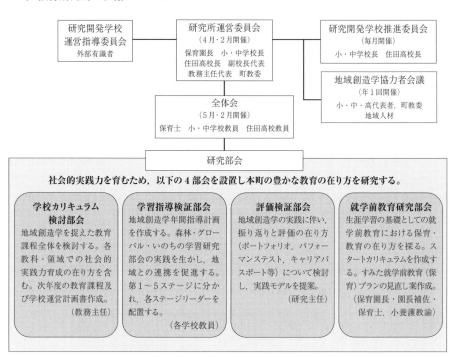

図12-2　令和２年度住田町教育研究所組織図（一部抜粋）

Ａコース	森林環境学習（種山散策）
Ｂコース	民俗資料館（講義，見学）
Ｃコース	住田の農業（収穫体験）
Ｄコース	町づくり事業（講義・見学）

図12-3　教職員研修会で設定した地域資源コース一覧とＡコースの様子

住田町においては，地域創造学を軸とした教育課程を小中高5校が一体となって検討・構築していくために組織体制を整え，「全体会」や「研究部会」を通して，取組の成果と課題や方向性についての共通理解を図っている（図12-2）。令和元（2019）年度からは各校の代表者，町教育委員会と，地域創造学の学びにゲストティーチャーとして協力していただく地域の方々とで，地域創造学の構想や学習予定，協力を要請したいこと，地域の方からの助言や意見等を直接聞いて協議する場として，新たに「地域創造学協力者会議」を開催している。

　また，それ以外にも，小中高の全教職員が4つのコースに分かれてフィールドワークを行い，住田町の地域資源について学ぶ「教職員研修会」（図12-3）や，町内の同校種及び異校種の学校の授業研究会に自由に参加できる「校内研究会の相互交流」も実施している。

2. 新設教科「地域創造学」の実践

a　授業実践から見えてきた生徒の変容（令和元年度の事例から）

1）第3ステージ（小学校6年）：単元名「考えよう 私たちの未来」

　ア　単元の目標表

　表12-2を参照。

表12-2　単元の目標表

	資質・能力の分類	資質・能力別の目標
社会的実践力	A【地域理解】	・住田町や近隣地域の現状と課題を知り，自分の関心に沿ってさらに理解を深めることができる。
	B【社会参画に関する資質・能力】	・住田町や近隣地域の現状と課題をふまえ，課題解決のための行動を考えることができる。
	C【人間関係形成に関する資質・能力】	・町または地域の人々との対話を通じて，さまざまな考え方に気づき，他者と協働して活動することができる。
	D【自律的活動に関する資質・能力】	・町または地域の課題を自分事として考え，その解決の方法を主体的に構想することができる。

　イ　単元の指導・評価計画

　表12-3を参照。

表12-3　単元の指導・評価計画

月	小単元名	プロセス	時	主な学習活動	評価項目（評価方法）	関連する教科・領域
10	住田の町づくりの取組の課題	問題の理解・現状把握	2	・これまでの学習をもとに，住田町の町づくりの取組の課題について考える。	・B2☆多面的・多角的に考える力（振り返りの記述）	【国語】「未来がよりよくあるために」
		情報収集	2	・町役場の方から話を聞く学習会を開き，現在の町づくりの取組の課題を調べる。	・A◎地域理解（ワークシートの記述）・C1☆伝え合う力（チェックリスト）	
		実施・改善	1	・町づくりの取組の課題について，分かったことをポートフォリオにまとめる。	・D1☆感じ取る力（ポートフォリオの記述）	
11	課題解決に向けた取組やこれからの取組	課題設定	1	・これからの町づくりに対する自分たちの願いを発信する学習の見通しをもつ。	・B4★好奇心（ワークシートの記述）	
		計画する見通しをもつ	1	・自分たちの願いを発信するために，町づくりの取組をさらに詳しく調べる計画を立てる。	・B1☆見通す力（チェックリスト）	
		情報収集	1	・それぞれの課題の解決に向けた住田町の取組を予想する。	・B2☆多面的・多角的に考える力（チェックリスト）	
			1	・それぞれの課題の解決に向けた取組や，これからの取組を調べる学習会を計画する。	・B1☆見通す力（チェックリスト）	
			2	・役場の方から話を聞く学習会を開き，それぞれの課題の解決に向けた取組やこれからの取組について調べる。	・A　◎地域理解（ワークシートの記述）・C3★他者受容（チェックリスト）	
12		実施・改善	3	・それぞれの課題の解決に向けた取組やこれからの取組について分かったことをポートフォリオにまとめる。	・D1☆感じ取る力（ポートフォリオの記述）	
			1	・それぞれの課題の解決に向けた取組のよさや携わっている人の思いを考える。	・B2☆多面的・多角的に考える力（チェックリスト）	
			1	・それぞれの課題の解決に向けた取組のよさについて，分かったことや考えたことをポートフォリオにまとめる。	・D1☆感じ取る力（ポートフォリオの記述）	
			1	・これまでの調査をもとに，これからの町づくりについて考える。	・D2☆創出する力（ルーブリック）	

月	小単元名	プロセス	時	主な学習活動	評価項目（評価方法）	関連する教科・領域
12	これからの住田町への願い	課題設定	1	・住田町のこれからの町づくりについての自分たちの願いを発信する方法を考える。	・C1☆伝え合う力（ワークシートの記述）	【国語】「未来がよりよくあるために」
		計画する見通しをもつ	1	・グループごとに発信に向けての活動内容や役割分担を考え，発信に向けた計画を立てる。	・B1☆見通す力（ワークシートの記述）	
		実施・改善	5	・自分たちの願いの発信に向けた準備を行う。	・C2☆協同する力（チェックリスト） ・B5★困難を解決しようとする力（チェックリスト）	
1			2	・これからの住田町の町づくりへの自分たちの願いを，地域の方などに発信する。	・B3☆提案・発信する力（ルーブリック）	
		まとめ振り返り	1	・単元の学習活動を振り返り，自分の探究活動を評価する。	・D3★自己肯定感（振り返りの記述）	

★：「態度・意欲・学びの価値」，☆：「汎用的スキル」

ウ　児童の探究活動の概要

　第1・2ステージでは身近な事象を取り上げ，体験を通して地域の特色やよさについて学習し，第3ステージの5年生では，町で重点としている産業の林業を取り上げ，その仕事の様子などについて探究を進めてきた。6年生では調査の範囲を広げ，住田町の「町づくりの取組」を題材に取り上げて学習を進め，その中でも取組に特色の見られる，農業，林業，子育て支援，観光，情報ネットワークに関わる取組に着目し，そのよさや現在の課題，これからの取組について探究した。

　前単元では，住田町の人口が減り続けていることを知り，その解決に向けた住田町の取組について学習してきた。本単元においては，それぞれの取組に課題があることや課題解決に向けたこれからの取組について学習し，住田町をよりよくしようとするために様々な努力をしていることを学んだり，携わる人たちの思いを知ったりすることにより，地域への愛着を深め，住田町の未来に対する自分の思いを広げていくように学習を進めた。

　町のよさや課題・課題解決の方法について，児童たちが主体的に探究できる

図12-4　住田町役場を訪問し，探究活動を進める児童

ようにねらいを持って実践を行った結果，情報収集と実施改善のプロセスを何度も往還する児童の姿や，学びの深まりが探究意欲の高まりにつながっていく様子が見られた（図12-4）。

2）第5ステージ（高校2年）：単元名「地域への貢献を考える」

ア　単元の目標

表12-4を参照。

表12-4　単元の目標

	資質・能力の分類	資質・能力別の目標
社会的実践力	A【地域理解】	・住田町や近隣地域の現状と課題を知り，自分の関心に沿ってさらに理解を深めることができる。
	B【社会参画に関する資質・能力】	・住田町や近隣地域の現状と課題をふまえ，課題解決のための行動を考えることができる。
	C【人間関係形成に関する資質・能力】	・町または地域の人々との対話を通じて，さまざまな考え方に気づき，他者と協働して活動することができる。
	D【自律的活動に関する資質・能力】	・町または地域の課題を自分事として考え，その解決の方法を主体的に構想することができる。

イ　単元の指導・評価計画

表12-5を参照。

ウ　生徒の探究活動の概要

第5ステージの高校2，3年生は，これまでの住田町及び近郊地域の資源や魅力についての理解をもとに，取組を通して住田を元気にすることをねらいと

表12-5　単元の指導・評価計画

月	プロセス	時	主な学習活動	評価項目（評価方法）	関連する教科・領域
10	計画情報収集	1	・他の人からのアドバイスなどをもとに，活動計画を見直す。 ・見直した活動計画をもとに，地域の課題を解決するための具体的な計画を立てる。	・A◎地域理解（観察） ・B1☆見通す力（計画シート）	・理科全般「観察実験・探究」 ・体育「体育理論」
	実施・改善	2	・課題解決のための行動を起こす。 ・課題解決につながったのか検証する。	・B4★好奇心・探究心（観察） ・C2☆協働する力（観察） ・D2☆創出する力（成果物）	・体育「ダンス」 ・音楽Ⅱ「表現・アンサンブル」 ・理科全般「観察実験・探究」
11	発表資料作り	2	・自分の探究活動についての発表資料を作成する。	・B2☆多角的・多面的に考える力（成果物） ・B3☆提案・発信する力（成果物） ・B5★困難を解決しようとする心（観察）	・英語表現全般 ・情報（情報社会）「情報モラルと社会ルール」 ・国語科目全般
	プロジェクト発表	1	・「すみハピ！プロジェクト2020」について発表する。 ・他の人の発表を聞いて，意見や感想を述べる。	・C1☆伝え合う力（ルーブリック） ・D1☆感じ取る力（ルーブリック）	・数学Ⅱ「論証・証明」 ・音楽Ⅱ「鑑賞」
12	プロジェクト改善	2	・他者の発表の素晴らしい点や参考となる点を自らの取組に取り入れる。 ・活動の成果をさらに見直し，プロジェクトの修正・改善に取り組む。	・B3☆提案・発信する力（観察） ・C3★他者受容（観察）	・国語科目全般 ・保健「安全な社会生活」
1	まとめ	2	・ブラッシュアップした「すみハピ！プロジェクト2020」を発表する。 ・他学年生徒の発表を聞き，来年度への取組の参考にする。	・C1☆伝え合う力（ルーブリック） ・D1☆感じ取る力（ルーブリック）	・コミュニケーション英語Ⅱ全般 ・音楽Ⅱ「表現・混声合唱」
2	振り返り	1	・一年間の地域創造学を振り返り，来年度の探究の見通しを持つ。	・D3★自己肯定感（自己評価シート）	・国語科目全般 ・音楽Ⅱ「表現・歌唱」

```
                              「輝け住田」

    ここは日本で一番大きな県        一山越えると小さな町が
    そこには君の知らない輝きが        かわいい声の動物や皆の笑顔
    耳をすますと森や風が囁いている    大きく流れる気仙川
    そこに流れるあゆの群れ          空を泳ぐいわし雲
    Oh  Oh  すみた  Ohすみた
    すてきな笑顔がたくさん輝くよ      皆で踊って歌えば元気になれる
    人と人が寄り添うあたたかさ        幸せ広がる住田の明るい未来
    皆で歌えば住田の町が一つになれる  大きくつながる皆の輪
    そこに生まれるキラキラ笑顔        踊って歌おう皆でさあ
    Oh  Oh  すみた  Ohすみた
```

図12-5 「歌プロ」のメンバーが作成した「輝け住田」の歌詞

する「すみハピ！」プロジェクト（地域の人々の暮らしに貢献する探究活動）を
行う。以下はその一事例である。

・プロジェクト名「歌プロ〜大好きな住田町の歌を作ろう〜」

　２年生７名，オリジナルの住田町の歌を作るプロジェクトに取り組んだ生徒
たちは，人口減少や高齢化が進む住田を活気付け，今よりも明るい住田にした
いという願いのもとに，住田町のいいところがたくさん詰まった歌を作り，住
田を活気付けようと考えた。生徒たちはまず，自分たちの主観だけではなく，
客観的に住田のよいところをとらえ直すために，「住田のよいところ」に関わ
るアンケートを校内や町内の小・中学校の生徒たちを対象に行い，そのアン
ケートの結果をもとにして，「輝け住田」の歌詞を作り上げた（図12-5）。

　生徒たちは，この後音楽科の教員と協力して曲も完成させ，同地区の４つの
高校の生徒が集まって行われた課題研究発表会で，「輝け住田」の合唱を披露
した。さらに令和２年度も，このプロジェクトを継続し，歌に踊りや手話もつ
けて動画化したDVDを町の様々な場所に配布して歌を浸透させ，保育園児と
交流するなど，積極的に活動を進めている（図12-6）。今後は歌に合わせた体
操なども考えながら，町の高齢者施設を訪問し，高齢者と一緒に体操をするこ
とで元気を与えようという構想も視野に入れている。さらには，これからの未
来における町の各種イベントで動画を流してもらうことも考えており，住田を
活気付けていくプロジェクトに意欲的に取り組んでいる実践であるといえる。

図12-6　合唱を披露する生徒たちと動画化して各所に配布したDVD

　高校の実践例からは，生徒たちが地域のよさや地域の抱える課題を理解した上で，自分たちが興味・関心を持った題材（歌）をテーマにして，自分たちに現実的にできることは何かについて突き詰めて考え，テーマを設定し，プロジェクトを主体的に実践したことがわかる。生徒たちはテーマ設定の段階から自分たちがつくった歌が形になることを確信していたわけではなかったが，学びのプロセスを往還しながら，自分たちにできることを明確にしてプロジェクトを進めていった成果が結果となって表れた例であるといえる。

b　教師の変容

　小中高5校の研究授業を互いに公開し合う取組においては，同校種だけでなく，異校種の研究会に多くの教員が参加し，地域創造学の効果的な指導方法，評価の在り方等について活発に議論が交わされた。社会的実践力の系統表に基づいて，各ステージでどのような力をどこまで育成して次のステージへつなげていくべきなのかなど，校種を越えた視点で指導計画や指導内容について考えられるようになってきたことは大きな成果であると考える。研究会の協議においては，「これまでは自分の校種における指導のことしか考えてこなかったが，地域創造学においてはこれまでの校種でどのようなことをやってきたのかという視点で系統性を考えて授業づくりをしていく視点が大切だと感じた」という声が高校や中学校の教員から聞かれた。このような視点は，地域創造学に限らず，教科の学習においても大切にしていくべきものであり，日常の授業改善の

意識の向上につながっていくものであると捉えられる。

c 保護者，地域等の変容

　地元のケーブルテレビや新聞社等の報道機関とも連携し，公開授業等の様子を頻繁に情報発信したことで，保護者を含む地域の方々の地域創造学への理解が深まってきている。小学校児童の保護者の一部からは，児童が調査してきた地域のよさに関わる特徴をもっと地域全体に発信し，地域を盛り上げてほしいという要望をいただいた。保護者も含めた地域からのこのような評価の声は今後さらに増えることが予想される。

　また，小中高を通じて児童生徒の地域創造学におけるフィールドワークの回数が大幅に増加したことや，プロジェクト発表会などで地域の方々や保護者を巻き込んだ活動を行ったことも，地域全体に地域創造学を理解していただくことにつながった。令和元年度にはじめて実施した「地域創造学協力者会議」（図 12-7）においては，ゲストティーチャーとして小中高の地域創造学の授業に協力していただいた地域の方々から，「子どもたちと地域創造学を通して関わることができるのがうれしい」「地域を題材に学習していくことは大切であり，地域住民である自分たちにとってもうれしいことだ」など地域創造学の取組を評価する声があった一方で，「ゲストティーチャーが参加する前の段階の事前学習をもっと充実させるべきだ」，「どのような力を育成しようとしているか，そのためにゲストティーチャーにどのようなことを求めているのかについ

図 12-7　地域創造学協力者会議

図12-8　教育研究所全体会及び小・中合同のプロジェクト交流会

て，授業前にもっと教師と共通理解を図りたい」など指導計画の在り方に関して助言してくださる方々も多く見られた。地域創造学を通して，地域全体で児童生徒を育てていこうという気運が着実に高まり始めている。

3. 課題及び今後の方向性について

　これまでの研究実践からみえてきた課題及び今後の方向性について，以下のようにとらえている。

　これまでの取組においては，教育研究所の全体会（図12-8）や各部会，授業研究会の相互交流等を通して，校種を越えた12年間の学びであるという視点を大切にしながら，異校種の教員同士が地域創造学の指導方法や評価方法，どのように年間指導計画を修正していくべきなのか等について活発に議論を重ねてきた。これはまさに小中高の垣根を越えた「指導者の協働」の姿であり，このような経験を通して，住田町の教員には，異校種の学習内容や指導の在り方に刺激を受け，学びながら，よりよい授業づくりをしていこうという意識が着実に高まってきている。

　小中高の12年間の学習内容の系統性を意識した実践は当たり前に見られるようになってきてはいるものの，ステージ間の資質・能力のつながりを大切にした授業実践の積み上げに関しては，まだ十分とはいえない状況にある。今後そのような実践をさらに積み上げていき，有効性を検証していく必要がある。

また，授業場面においては，中学生のプロジェクトの発表を小学生が参観する場が設けられるなど，異校種の児童生徒が学び合う「学習者の協働」の姿が見られた。異校種の先輩や後輩と共に学び合うことは，児童生徒の学習意欲に間違いなくプラスの刺激を与えるものと考えられる。このような「学習者の協働」の場を年間指導計画にいかに意図的・計画的に位置付けていくのかが今後の課題としてとらえられる。

　地域創造学は小中高の12年間を通して児童生徒の社会的実践力を育成していく教科であり，校種を越えて，教師及び生徒がいかに学びをつなげていくのかが大切になってくる。上記の「指導者の協働」や「学習者の協働」の姿は12年間の学びである地域創造学だからこそ表れてきたことであり，地域創造学がまさに小中校の異校種間連携を促進する仕組みそのものであることを表しているととらえられる。今後も指導者や学習者の関係をさらに密にし，より効果的で，持続可能な異校種間連携の形を追究していかなければならない。

　最後に，児童生徒の変容の見取り方に関しては，単元を見通して設定したパフォーマンス課題やルーブリック等が児童生徒の実態に応じて適切なものとなっているのかについて日々検討を行っていくのはもちろんのこと，小中高の12年間の学びであるということを意識しながら，学年やステージ，校種を越えて児童生徒がどのように変容したのかについて，長いスパンで評価していく必要がある。成果だけを見取るのではなく，失敗を含むどのようなプロセスがあったのか等について継続的に見取っていくために，児童生徒の学びの過程を蓄積するポートフォリオの活用方法等についても，さらに検討を進めていき，小中高で共通理解を図っていかなければならない。

参考文献

・住田町教育委員会『第9次住田町教育振興基本計画』2018年
・住田町教育委員会『平成29年度 住田町教育研究のまとめ』2018年
・住田町教育委員会『学習指導要領解説 地域創造学編』2019年
・住田町教育委員会『平成30年度 住田町教育研究のまとめ』2019年
・住田町教育委員会『令和元年度 住田町教育研究のまとめ』2020年

13章

NIEを活用した総合的学習の実践事例
——秋田県立秋田南高等学校「国際探究」

1. 実践の背景——SGH・NIEの指定

　平成27（2015）年当時の秋田南高校[*1]は，平成27年度文部科学省スーパーグローバルハイスクール（SGH）の指定を獲得し，高校段階からのグローバルリーダー育成のためのカリキュラム開発を始めたところであった。SGH指定校は，各校が育成を目指す人物像を設定した上で，社会課題やビジネス課題をテーマに，横断的・総合的学習，探究的な学習を教育課程上に位置付けて行うことになる。私はその開発と実践も含めてSGH事業全体の主担当者であり，土台が全くないところからのスタートであった。

　秋田南高校のSGH構想テーマは，「『こまちの里』秋田の高校生が『地球村』の食糧問題に挑む！」であった。事業の目玉が，生徒の課題研究活動である学校設定教科「国際探究」と，教員の「課題解決型授業研究」である。その両側面から，総合的・探究的学習である「国際探究」の中で，このような教科横断学習の単元を試みに開発した。

　秋田南高校では，指定校の特例により学校設定教科「国際探究」を設定した。これは，学校が位置付けた5つの能力，課題設定能力・課題探究能力・論理的思考力・プレゼンテーション能力・実践力の育成を目的としている。1年次に

---

*1　この実践は，筆者が平成27年に秋田県立秋田南高等学校在籍時になされたものである。

全員が学ぶ「国際探究Ⅰ」（2単位）は，その土台の育成をねらい，「現代社会」（1単位）と「総合的な学習の時間」（1単位）を充てて設定された。本実践は，その時間においてなされたものである。

　また秋田南高校は，秋田県 NIE（教育に新聞を）推進協議会による実践指定校であった。3年間の指定期間の3年目を迎えており，集大成となる取組を模索していた。

2. 生徒の実態と教材開発

　この時点まで生徒は，「国際探究Ⅰ」の活動で，教養講座・専門講座や留学生との交流を通じて，世界あるいは秋田の「農と食」の問題について知識や教養を身に付け，関心を高めてきた。特に，6月下旬から7月上旬にかけての2週間は，オーストラリアのビクトリア大学の学生17名と交流し，オーストラリアと日本の「農と食」についての意見交換をしてきた。生徒たちは，個々の学力差はあるものの，全体的には学習意欲や理解力が高い。話合い活動や発表交流に対する姿勢も積極的である。

　このような生徒たちのために，自説を論理的に主張したり，相手の主張に共感あるいは反論したり，協働的に高め合う活動を通じて自身の考えを問い直したりする，そのような学び合いを用意したいと考えた。

　具体化していく上では，これまでの生徒の学びとの関わりと進展段階，NIE推進等を考え，「時事問題についての新聞の文章を吟味して討論する」という単元を設定するのが望ましいと考えた。

　加えて，時事問題を題材とした文章（新聞社説）を扱うことや，主体的な調査探究活動への発展性を考えると，地歴公民科の教諭との TT（ティーム・ティーチング）が指導体制として理想的であろうと考えた。

　NIE において，常に重要なポイントになってくるのは，取り上げる記事の選択である。生徒の学びに好適だと採用したのは，「日豪 EPA 合意」について，異なる立場で書かれた地方紙の社説であった。社説 A（北海道新聞 2014年4月8日）は負の影響を最も受ける地域の立場から批判的な論調，社説 B（神

戸新聞2014年4月9日）はブランド等戦略化による競争力強化という前向きな論調と，同じ事実に対して見方考え方が明確に異なる好教材であった。

　理由はいくつか挙げられる。「国際探究Ⅰ」で積み上げてきた活動（農と食の問題，豪州の学生との交流活動等）と関連性が深い時事であること。また，同じ事実について違った主張が書かれており，地方紙には地域の特性と立場を反映した論理の差異が表れやすい。また難易度の高い文章である社説を比較検討する活動は，進学校におけること。NIE の可能性を提案する上で，秋田南高校の1年生にふさわしいこと等である。

　図13-1，13-2 が，その社説 A，社説 B である。

3. 指導の力点

　教科横断的な総合的学習としての指導上のポイントがいくつかある。

　国語科の観点から，本文中の根拠に基づいて読解していく姿勢や，相手の意見を踏まえた上で持論を表現する論理的思考力や表現力を育成すること。地歴・公民科の観点から，積極的に社会に参画し時事について考える態度や，主張の根拠となる資料やデータを把握して活用する力を育成すること。学校全体で心がけている，課題解決能力を育成する観点から，メディアリテラシーの向上と戦略的表現力を育成すること。「主体的・対話的で深い学び」の実現という観点から，協働的学習活動（話し合い・意見交流・討論）を経て，生徒たちが相互の思考や論を吟味して，主体的に問い直していく活動を推進すること。

　指導は TT で行い，読解や討論等言語活動を中心とした全般的な学習活動の進行については国語科教諭：腰山潤が主に担当し，時事問題や用語・資料・データを扱う場面においては地歴・公民科教諭：岩川克敏が担当するが，実際の授業の流れに合わせて2人で臨機応変に指導していくことにした。

社説

日豪EPA

農家の不安顧みぬ合意

[1]安倍晋三首相と来日中のアボット豪首相が会談し、日本とオーストラリアの経済連携協定（EPA）について大筋で合意した。

[2]焦点だったオーストラリア産牛肉の関税を現在の38・5%から20%前後へ徐々に引き下げる代わりに、日本車への関税も段階的に撤廃されるという。

[3]しかし、畜産を中心とした国内農業への影響が見通せない上、対策も示されなかった。

[4]農業大国との初のEPAに対する農家の不安は置き去りにされたと言わざるを得ない。

[5]牛肉関税引き下げの対象には、加工原料の冷凍肉ばかりでなく、一般に販売される冷蔵肉も含まれている。

[6]国産乳用種の肉と競合し、とりわけ主産地の北海道が最も影響を受けるだろう。

[7]肥育農家のみならず、子牛を供給する酪農家の経営も圧迫する恐れがある。

[8]乳用種が値崩れを起こせば、和牛などにも連鎖的に波及し、飼料の高騰に苦しむ国内畜産業の弱体化につながりかねない。

[9]日豪EPAが交渉入りする直前、衆参両院の農林水産委員会は決議で、コメ、小麦、牛肉、乳製品、砂糖などの重要品目を協定から除外し、交渉期限を定めないことを政府に求めた。

[10]牛肉の関税引き下げはもとより、アボット氏の来日を事実上の期限とし、合意を急いだことも決議に違反している。

[11]しかも、この決議は、環太平洋連携協定（TPP）交渉に際し、自民党や衆参農林水産委員会が重要5農産物を「聖域」とする決議のひな型となったものだ。

[12]オーストラリアは、日本の牛肉市場で米国と激しいシェア争いを繰り広げている。

[13]一方、米国はTPP交渉で日本の聖域を認めず、関税撤廃を求める姿勢を崩さない。

[14]甘利明TPP担当相は「（TPPの）日米交渉を加速させないと、米国産牛肉が（オーストラリア産に）劣後する」と述べた。

[15]今回の関税引き下げを、TPPで米国から譲歩を引き出す手段にする意図は明らかだ。

[16]これでは、牛肉を含む重要5農産物はもはや聖域ではなく、駆け引きの材料にすぎない。

[17]政府・与党の信用は損なわれ、国内の農業者は、営農の展望を描けなくなる。

[18]聖域の約束をなし崩しにほごにするようなやり方は、断じて許されない。

図13-1　社説A

社説

日豪EPA

農業の競争力にも磨きを

[1]日本とオーストラリアの経済連携協定（EPA）が、交渉入りして7年でようやく大筋合意した。

[2]豪州産の冷蔵牛肉と冷凍牛肉について関税を15～18年かけて20%前後まで段階的に引き下げる。輸入が一定量を超えた分は関税を今の38・5%に戻す。

[3]日本から輸出する自動車については、全体の75%を占める中小型車で関税をなくし、残りも3年で撤廃する。締結を急ぐことで来年の発効を目指すという。

[4]日本にとって、豪州は貿易額で4番目の相手国だ。世界有数の農業大国とのEPA締結は初めてのケースとなる。

[5]それだけに農家の不安は小さくない。神戸ビーフなどブランド牛肉は輸入品とのすみ分けが進むが、乳牛を食肉用に出荷する酪農農家への深刻な影響が指摘されている。日本政府は、農家の打撃を緩和するための対策を怠ってはならない。

[6]行き詰まっていた協議が急進展した背景には、環太平洋連携協定（TPP）をめぐる対米交渉を有利に進めたいという思惑で日豪が一致したことがある。日本には、日豪EPAをてこにして牛肉やコメなどの農産物も例外なく関税撤廃を求める米国から譲歩を引き出す狙いがある。

[7]一方、牛肉の対日輸出量が首位の豪州は、日本が牛海綿状脳症（BSE）対策を緩和した後、米国の激しい追い上げを受けている。日本での優位性を強めたいとの思いは強い。

[8]ただ、米国は厳しい姿勢を崩しておらず、TPP交渉の行方は予断を許さない。日本は国益を見極め、慎重に協議を進める必要がある。

[9]貿易だけでなく、人やサービスの行き来も自由にするEPAを、日本は13の国や地域と結んでいる。世界貿易機関（WTO）の多国間協議が進展しない中で、2国間協定の締結はさらに加速するだろう。

[10]日本は、高齢化や後継者難で縮小傾向にある農業の競争力を強めることが欠かせない。肉用牛の生産農家は減っているが、一方で経営の大規模化が進む。世界に知られる神戸ビーフは、香港やシンガポール、米国などに輸出を広げている。日本の農産物は海外で高い評価を受け、日本の食文化への関心も高い。

[11]自由化の波を脅威ととらえるだけでなく、それを逆手に取った攻めの農業戦略に磨きをかけたい。

図13-2　社説B

4. 全体の指導計画と公開授業の指導案

[学校設定教科「国際探究」第1学年「国際探究Ⅰ」学習指導計画]
・単元名「時事問題について，資料を比較検討して，討論する」

・単元の目標
①新聞社説の比較・検討を通して，自分を取り巻く情報を分析する力
　を育て，社会に参画する態度を養う。
②新聞社説の主張を的確に読み取り，批評・批判的に思考し，自分の
　考えを論理的に表現する力を高める。
③新聞資料や関連するその他の資料を活用し，根拠を提示して，討論
　する力を高める。

・全体計画
(第1時) 社説A・Bの内容を理解し，主張の違いを読み取る。
(第2時) 社説A・Bの文章を比較し，取り上げている内容や表現の違
　　　　 いを整理する。
(第3時) 社説A・Bの「書かれ方」を吟味した上で，どちらの社説を
　　　　 支持するか，討論（根拠を明確にして支持する社説を擁護し，
　　　　 支持しない社説を批判）する。〈本時〉
(第4時) 社説の範囲外の資料や情報を持ち寄って議論を深め合い，わ
　　　　 かったことをまとめる。

[NIE全国大会秋田大会学習指導案]
　2015年7月31日秋田明徳館高等学校会場にて実施した公開授業
　（指導者）
　　国語科教諭　腰山　潤（現秋田県立男鹿海洋高等学校教頭）
　　地歴・公民科教諭　岩川克敏（現秋田県立仁賀保高等学校教頭）

生徒：1年D組33名

1）本時のねらい

　社説を比較検討した上で，討論することを通して，書き方や表現の工夫に気付くことができる。

2）学習過程

学習活動　　学習目標	指導のポイント　　評価規準
1　本時の学習の目標と見通しを確認する 社説を比較検討し，支持する根拠を挙げて，討論しよう	・前時までの学習内容とわかったことを確認した上で，本時の学習目標を提示し，学習の流れを確認する
2　社説A・Bを比較して，取り上げている内容や取り上げていない内容，同じ内容についての表現の差異等を吟味して，それぞれの主張とどのように関連しているかを検討する	・社説A・Bの，内容の取り上げ方や表現の違いを確認して共有するため，ワークシートをもとにして発表交流の場を設ける ・生徒が指摘した，それぞれの社説の特徴的な部分を，白板に拡大掲示した社説上にマーカーで線を引いて示し，「書かれ方」の違いが対比できるようにする ・検討上，「個人の思考」，「小集団の話合い」，「全体の場の発表交流」の場を転換し，理解の共有がなされるように配慮する
3　社説A・Bのうち，どちらを支持するか，根拠を示して討論する	・討論が成立するように，支持する社説を擁護したり，対立する社説の弱点を指摘したりして，質疑応答の形で進行する ・支持や不支持の根拠については，話題や資料の取り上げ方や文中の表現に着目して，全体の場で確認し共有できるように進行する ・質疑応答がそれて，事実を検証する必要が生じた場合は，資料を提示して助言し，話合う時間をとる
4　討論を通して，気付いたことやわかったことを発表し合う	根拠を的確に示した上で，活発な質疑応答によって，討論がなされている【討論観察・発言分析】
5　地歴・公民科教諭からの自分たちの気付きに沿った実際のデータの説明を聞き，情報収集と調査に意欲を持つ	・討論の活動を振り返り，支持や不支持の思考から離れて，両方の社説に共通して言えることを考えてみるように助言する 書き手の立場や意図によって，書き方が工夫されていることに気付いている【発言・シート分析】

[授業形態【公開授業会場】秋田明徳館高校4階視聴覚室]

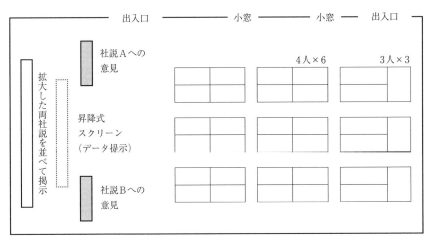

図13-3　授業会場のレイアウト

5. 実際の授業の実況（T1：腰山　T2：岩川）

教師（T1）　（中央白板に貼り出された目標を指して）目標は，今までやってきた
社説の比較を通して『根拠を挙げて討論する』です。前の時間に作業したワー
クシートを見て！　ぶれのない討論にするためには，今まで個人でやってき
た社説A・Bの比較をしっかり全体で共有する必要があります。そこから始
めていきましょう。

教師（T1）　社説Aに書かれていて社説Bに書かれていないこと，どんなこと
が挙げられますか。どんどん挙げてみて！

　複数の生徒が，「聖域」「北海道が最も影響」「決議違反」等，テンポよく発
言していき，T1が生徒から挙げられた箇所について中央白板に拡大して張り
出された社説本文にアンダーラインし，T2が教室右手の社説Aの整理用白板
に板書していく。

教師（T1）　じゃあ，今度は逆にいきましょう。社説Bに書かれていて社説A
に書かれていないことは，どんなことが挙げられますか。

生徒　「攻めの農業戦略。」

生徒　「日本の農産物は高い評価。」

生徒　「日本はEPAを13の国と結んでいる。」（予想外の発言である。）

教師（T1）　オーストラリアだけでなく，もうすでにそんなに結んでいたんだね。
私は知りませんでした。たしかにこんなことAには書かれていないよね。今
後も加速していくって書かれているね。

教師（T1）　そもそもなんだけど，Aでは北海道の乳用牛が出ましたよね，B
はどうなの？

生徒　（一斉に）「神戸牛。」

教師（T1）　どうなっていくって？

生徒　「ブランド牛肉は棲み分けが進む。」

教師（T1）　それについて他の具体的な表現はないか？

生徒　「世界に知られる神戸ビーフは輸出を広げている。」

教師（T1）　そこは具体的だよね。『神戸牛は大丈夫』なんだね。

教師は，ここまでの学習をまとめ，次の段階に進める。

教師（T1）　EPA成立という同じ事柄についての社説なのに，AもBもけっこ
う違うことを取り上げて書いているよね。なんか違いが見えてきたね。でも
同じ事柄についての社説なんだから，当然同じ視点でも書かれているよね。
それについて見ていきましょうか。共通してどういうことを取り上げている？

生徒　「農家の不安。」

教師（T1）　それについて，Aではどう書いている？

生徒　「置き去りにされた。」

教師（T1）　Bはどう書いている？

生徒　「小さくない。」

教師（T1）　「大きい」と書くのではなく「小さくない」なんだね。

教師は微妙な書き方の工夫を意識付けていく。生徒からは「農業への影響」については，Aが「畜産業全体の弱体化につながりかねない」，Bが「酪農農家への深刻な影響が出る」という指摘がある。

教師（T1）　Bの言っている「酪農農家」って，どこの農家？

生徒　「たぶん北海道。」

教師（T1）　たぶん北海道の農家への影響はあるだろうけど，神戸ビーフはどうだって？

生徒　（口々に）「棲み分けが進んでいる。」「大丈夫。」

　教師は左右の白板を示して，同じ事柄への社説の書かれ方の違いが明らかになったことを，比較して眺めさせ，「これ，討論する上でのポイントになります」と討論の土俵の範囲を意識させる。本題の討論に入る前に，討論が論理的で根拠のある意見のぶつけ合いで収束していくような仕掛けを入念にしているのである。

教師（T1）　最初の活動に戻って確認します。社説Aの主張はどこに出ていた？

生徒　「段落番号の17・18。」

教師（T1）　キャプションともほぼ一致するね。

　教師は確認しながら，各白板に用意しておいた主張の要点が書かれたプレートを貼り出していく（図13-4）。

図13-4　各社説について発言をもとにまとめられた白板

教師（T1） さあ，白板を見てください。みんなから出してもらった社説A・Bの違いがわかりやすく整理できました。それじゃあ討論に入りましょう。前時に，どちらを支持しますかを聞いてグループを決めましたが，変わった人がいてもかまいません。どこを根拠に支持するのか，どこを根拠に納得がいかないのか，3分グループ内で話し合ってください」と指示する。

（3分後）

教師（T1） 時間になりました，それでは討論を始めましょう，誰か皮切りにどうでしょう？

（生徒たち挙手）

生徒 「私は昨日までAを支持していたがBに変わりました，Aのほうが何というか『厳しいこと』しか言っていない。」

教師（T1） どの辺が厳しい？

生徒 「悪いところしか言っていない。それだと論がそれ以上進まない。Bは悪いところも認めながらプラスに変えていこうという感じが出ている。」

教師（T1） どこに？

生徒 「攻めの戦略に磨きをかけたいというところ。」

教師（T1） なるほどね。これにA支持側から反対は？

生徒 「Aの10段落に『国会での決議違反』とある，Bはそれを許した上での逆手の戦略なのであって，前提が無視されてよいのか？」

生徒 （Bの立場）「決議違反というただそれだけで，何をすればよいか，具体的な対策を考えて示していない。」

生徒 （Aの立場）「具体策がないとあったが，結局Bも「攻めの戦略を」と前向きに言っているように見せて実は具体的にどうするかには踏み込んでいない。Aは国民全体の目線で考えているのが分かる。」

似たような切り口の意見が続く。ここで教師は討論の視点を変えて，授業の序盤で挙げた別の根拠を活用して，討論の幅を広げようと試みる。

図13-5　根拠を挙げて意見を述べる生徒　　図13-6　気付きをワークシートにまとめる生徒たち

教師（T1）　ちょっと討論の切り口をずらしてみよう，別の論点で支持・批判するように2分間考えてみて。

（2分後）

生徒　（Bの立場）「EPAについての社説なのに，Aは政府批判ばかり，Bは貿易の視点で少なくとも前向きに考えようと書かれている。」（この発言は，政治的な視点と経済的な視点という「書く上でのスタンスの違い」に気付き，それを見事に指摘したものである。）（図13-5）

生徒　「Aは農家の視点でダメージを受けるのは北海道だから深刻に書いている。Bはたとえそうなっても世界と戦っていける農家の可能性を示している。」

教師（T1）　君はどっちを支持してるの？

生徒　「最初に言ったとおり，今日Bに変わりました。」

教師（T1）　君の話を聞いていると両方支持に聞こえるね。

　本人も周囲も，討論というプロセスを通して意図的な書き方の工夫について潜在的に気付いている証拠である。この生徒は，最初の発言時点から，学びを通じて飛躍的な思考の発展があったのである。

教師（T1）　君は，Aの擁護・批判にも，Bの擁護・批判にも，どちらにもま

われるよね。さてみんな，討論をしてみて，社説の「書かれ方について分かったこと」をワークシートにまとめてみよう。3分でお願いします（図13-6）。

（3分後）

教師（T1） どんなことを書いたか，グループ内で2分くらいで共有してください。

（2分後）

生徒 「新聞を読む人の視点を意識して，それに寄り添って書かれている。」

生徒 「北海道の打撃を受ける農家目線，闘えるブランドを持っている神戸はチャンスという感じで，地域ごとに書いている。」

教師（T1） 同じような気付きですね，ほかに，もっとこう，書き方の意図的な工夫について何かないですか？

生徒 「どちらも間違ったことは言ってない，ただ事実のうちの有利なことを取り上げている，つまり事実の選択によって自説に有利に持っていける。」

教師（T1） 素晴らしい気付きだね。新聞社説は，有識者が普遍的な見地から書いた公正な論と思い込んで，それが定説だと思いがちだけど，そうではないんだね。同じ事実は変わらずに私たちの目の前に転がっているのに，どれかを取り上げてどれかを取り上げないという選択や，表現や言葉の微妙な使い方によって，自説に有利に読ませることができるんだね。

教師（T1） みんな今日討論をしていて気付いたよね，平行線になったとき，あれ以上討論を進めていくために何が必要だ？

生徒 （口々に）「数字。」「データ。」

教師（T1） 論の根拠となるデータって大事ですよね。この社説の比較で，実際のデータがどのように意図的に使われていたか，専門家の岩川先生に説明してもらいましょう。

ここからT2の教師に交代する。正面にスクリーンを下ろす。

図13-7　スクリーンにわかりやすく示されていくデータ

図13-8　学習のまとめのシーン（生徒の顔が上がっている）

教師（T2）　それでは，みんなが今日検討・議論してきた話題を，データの側面から見ていきましょう！

　乳用牛の都道府県ランキング（農水省の統計）で2位の栃木は 52,900 頭，1位の北海道は 795,400 頭で断然の差がある点，農業生産における乳用牛の地位で，兵庫 109 億円，北海道 3,777 億円，日本全体の乳用牛の占有率は，兵庫 1.4％，北海道 48.5％とこれも歴然と差がある点が示され，生徒からはどよめきと喚声が起きる（図 13-7）。

　続いて，「兵庫県肉用牛振興ビジョン」が示され，神戸ビーフの「世界トップブランド化を目指す」や「他産地にまねできない唯一無二の牛肉」という実際の文言が示される。ホームページの「食・農林水産」の項目をクリックすると，すぐに「ブランド化」の文字が大きく出て来ることも示された。T2 が，「このように統計資料や自治体の立場を調べてみると，明らかに新聞とのつながりが見えてきます」とまとめる。

教師（T1）　社説はすごいものなんだと圧倒されて読むのではなくて，背景を知って自分で考えを持って読むと，情報は違って見えてきます。

再度Ａ・Ｂの支持を尋ねると，かなり変わっていた。討論による自分の考えの問い直しがあったことがわかる。

教師（T2）　実のある討論として，闘わせる意見をより説得力のあるものにするためには，支持・批判するための資料を収集して提示することがどうしても必要になる。夏季休業中，ぜひ取り組んでみてほしい。

　と課題提示して授業が終わった。生徒たち自身から自然と拍手が起こり，約80名の参観者の拍手と合わさって，生徒たちは相当の達成感を得たようだった（図13-8）。

6. 実践の成果

　根拠をしっかりと示した上で討論ができること，クリティカルシンキングの活性化が大きなねらいであった。

　単なる意見交換ではなく，「討論する」活動は，世界の中で日本人が苦手とされる「論理的な根拠を持って批判し合う」活動である。高校１年生にとっては難しい活動である。生徒たちの討論を成立させるためには，教員のファシリテーションの力量ももちろん大事だが，前時までの仕掛けも重要である。それは，「EPA」「TPP」「聖域」「農家の不安」等の時事的知識をしっかり定着させておくこと，両社説をしっかり読んで，主張の違いをきちんと理解させておくこと，主張の視点や表現の違いについてワークシート（個人の作業）を充実させておくこと，どちらの社説を支持するかを意識させておくこと等である。今回は，最初に支持する社説への意見を言わせ，それに疑問をぶつけたり否定させたりして，討論の形と流れを作ることができた。

　新聞の主張である「社説」は，教材として好適であった。NIEとしてとらえたときの先進性は，同じ事柄についての，ローカル紙の社説を比べ読みするということにある。大手新聞社の記事の比較などの授業実践の事例はよくある。しかし，ローカル紙の社説の比較は，地域性や読者への書き手の意識を垣間見

ることができ，文章自体や話題の取り上げ方を比較吟味する活動に非常によく
マッチする。この授業はそうした提案でもあった。

　この単元は，教科横断型の総合的学習として考案したものだが，本時の討論
の部分までは，同じ題材について書かれた異なる文章を比較検討するという国
語科の授業として切り取ることも可能だ。しかしそれはスケールとして，2種
の文章の範囲内という二次元的なものに留まらざるを得ないという限界がある。
関連する資料やデータの比較検討や活用ということに踏み込んで初めて立体的
な奥行きある総合的学習として立ち上がってくる。

　その意味で，地歴公民科との TT は必要なことであった。本時の最後で，地
歴公民科の岩川教諭の説明を聞いて，資料やデータの裏付けによる説得力に気
付いた生徒たちが，自ら資料やデータを収集して，それを活用して相互に説得
し合うという，より実践的な討論活動が可能になる。

　単元を通じて，生徒は真剣に考え，話し合い，発言し合い，生き生きと活動
できていた。討論する活動の成否は，論点や根拠が明確に指揮されているかに
かかっている。社説の言葉や表現にきちんと着目させて，それを根拠にして論
を闘わせたので，論点がずれたり，根拠のない言い合いになったりすることが
なかった。

　以下に，協議会での意見やアンケートでの記述を紹介する。

・昨年の実践授業や今年の事前授業なども拝見していたが，やはり本番の公開
　授業は参観者も多く，独特の雰囲気があった。その中で生徒たちは学習目標
　に沿った意見交換や発表など積極的に活動し，素晴らしかったと思う。
・主要紙ではなく地方紙を教材とした今回の授業は，NIE に新たな視点を提
　示し得た素晴らしい内容であったと思う。参観者が非常に多く，ほとんど別
　室モニター越しでしか見られなかったのが残念であったが，先生方の綿密な
　準備と，生徒の真摯な学習姿勢が十分に感じられる授業だった。
・地方紙を取り上げたことで，置かれている状況によって社説の対立が鮮明と
　なり，生徒は理解しやすかったと思う。題材選定が大変重要だと実感した。

明確な二項対立の中で，仲間と問い合い議論を重ねることで，ジャーナリズム精神を磨くことができる授業であったと思う。批判的思考力を養うには事実に基づいた根拠が必要であり，地歴科とのTTが有意義であると感じた。

・教室がアリの入る隙間もないほどの参加者で埋まり，大変な盛況だった。質疑応答も建設的な意見が多く出され活発であった。これまでのNIEは，ややもすれば教科教育の目標内で実施されてきたが故に「限界」もあった。しかし，学校設定科目として実践したこの授業は，国語と地歴公民のそれぞれの特性を生かしつつ限界を超える試みをし，NIEのあらたな方向性を示した授業として今後大いに注目されることだろう。

・EPAに関して見解が異なる2つの社説の論調を詳細に分析して，それがどのような背景から出てきたのか，それに対して自分はどのように意思決定するかといった，NIEならではの素晴らしい授業であったと思う。生徒も積極的に発言していたが，これも素晴らしかった。今後は，さらにデータを調べて学習を深めるとともに，自分の見解や立場が異なる人間を理解するなど，グローバルリーダーとして必要な資質を高める授業になることを期待したい。

14章

防災・復興教育と総合的学習の実践事例
——岩手県大槌町立大槌学園「ふるさと科」

1. ふるさと科について

a 大槌町の概要と東日本大震災津波

　大槌町は，岩手県の沿岸南部に位置し，北は山田町，南は釜石市，西は宮古市と遠野市に隣接し，東には雄大な太平洋を有している（図14-1）。町の総面積は200.42平方キロメートルで，人口は1万1,000人ほどである。古くから水産業が盛んであり，サケやマス，スルメイカ漁などの沿岸漁業の他に，ワカメやホタテガイ，カキなどの養殖漁業を中心に発展してきた。また，山間部では水稲を中心に野菜やシイタケ，花き，畜産などを組み合わせた複合経営が行われている。

　海から多くの恩恵を受けて発展してきた大槌町であるが，明治から昭和にかけて3度の津波被害を受けている。明治29(1896)年，昭和8(1933)年の三陸大津波，昭和35(1960)年のチリ地震津波である。そして平成23(2011)年3月11日の東日本大震災津波では，多くの人命が失われ壊滅的な被害を受けた。津波による死者・行方不明者は震災関連死の52人を含め，町全体

図14-1　大槌町と近隣市町

図14-2 被災した大槌中学校

で1,286人にのぼり，関連死を除くと，町の人口の7.7%が犠牲となった。また，この津波による浸水面積は市街地・住宅地面の52%に相当する4平方キロメートルに達し，建物被害は全壊・半壊・一部損壊を含めて4,375棟（全家屋の68.2%）に及んだ（図14-2）。

b　新しい学校の誕生

　震災当時，町内には大槌小学校，安渡小学校，赤浜小学校，大槌北小学校，吉里吉里小学校の5つの小学校と大槌中学校，吉里吉里中学校の2つの中学校が設置されていた。しかし，震災により吉里吉里小学校と吉里吉里中学校の2校を除く校舎は，使用不可となってしまう。そこで被災5校の児童生徒（小学生450人，中学生290人）は，岩手県立大槌高等学校や吉里吉里中学校，吉里吉里小学校の空き教室や体育館，山田町にある「陸中海岸青少年の家」の研修施設や体育館などに身を移し，それぞれの場所で学校が再開されることとなった。震災後わずか1か月ほど経過した4月20日のことである（図14-3）。

　同年9月，被災した町立学校5校（大槌小学校，安渡小学校，赤浜小学校，大槌北小学校，大槌中学校）が入居する仮設校舎が小鎚地区の大槌ふれあい運動公園に完成した。これを受けて，子どもの数が年々減少傾向にあることや，被災したすべての校舎の再建には膨大な時間と費用を要することなどが検討され，その結果，小中一貫教育を行う方針が決定された。

図14-3　体育館をパーティションで区切って学習する様子

　平成25（2013）年4月，被災した小学校4校が統合され，新しく「大槌小学校」として再編。さらに平成

27（2015）年4月から大槌小学校と大槌中学校は「大槌学園」，吉里吉里小学校と吉里吉里中学校は「吉里吉里学園」として小中一貫教育が本格的に実施された。平成28（2016）年に大槌学園が「義務教育学校」に移行。同年9月には大槌高校の隣に大槌学園の新校舎が完成し，小中一貫教育学校として新たな一歩を踏み出した（図14-4）。

図14-4　大槌学園外観

　大槌学園には「井戸端会議室」と呼ばれる一室が作られた。そこには学校と地域をつなぐ「学校支援地域コーディネーター」が常駐し，学校と地域の架け橋として地域と調整を図ったり地域に情報を発信したりするなど，ふるさと科の学びをより豊かなものにするための重要な役割を担っている（表14-1）。

c　「ふるさと科」の意義と創設の経緯

　東日本大震災津波により町は甚大な被害を受け，児童生徒はもちろん地域住民が受けた心の傷は計り知れない。復旧・復興と並行して，適切な心のサポートを軸とした心身の健やかな健康を育む教育が緊急かつ継続的に必要であると考えられた。また，家族や地域，そして県内，国内に留まらず世界中の人々から多大なる支援を受け，児童生徒は人との関わりの大切さや人としての優しさに触れながら，「当たり前」のありがたさや自身の生き方などについて，自らの体験を通して深く考える契機となった。例えば，避難所生活を余儀なくされている時期においても，自分たちにできることに気付き，考え，判断し，行動した価値ある姿は人としての生き方の表れであり，これまで学校と地域，保護者などで育んできた教育の成果であると同時に，今後も引き続き目指していく「大槌町の児童生徒の姿」としてとらえられた。さらに，今後の大槌町の復興発展のために，自分自身のよりよい生き方とともに，自分自身と他の人や社会との関わりの中で地域を知り，地域の一員としての自覚を持ち，地域のために

表14-1 年表

	平成23 (2011)	平成24 (2012)	平成25 (2013)	平成26 (2014)	平成27 (2015)	平成28 (2016)	平成29 (2017)	平成30 (2018)	平成31 (2019)
校舎建設	●3月 東日本大震災津波	●9月 大槌小・大槌北小・安渡小・赤浜小 大槌中 合同仮設校舎で授業開始					●9月 大槌学園 本設新校舎で授業開始		
統廃合				●4月 4校を1校に 新大槌小学校として開校					
教育課程 特例校 ふるさと科			●4月 ふるさと科試行 ●ふるさと科推進会議	●4月 ふるさと科先行		●4月 ふるさと科開始			
小中一貫			●小中一貫教育連絡協議会開催 ●7月「目指す子ども像」協議		●4月 小中一貫 大槌学園・吉里吉里学園開校	●4月 小中一貫教育開始		●11月 小中一貫教育全国サミット in おおつち 開催	
コミュニティ・スクール			●学校支援地域コーディネーター配置	●学校支援地域協議会開催 ●7月		●4月 大槌学園義務教育学校設置 ●学校運営協議会設置 ●4月 両学園をコミュニティ・スクールに指定			

できることや役割を主体的に考えることができる人材育成の必要が強く求められた。

　震災から得た教訓や，震災後の生活によって顕在化された目指す子どもの姿や町民から期待される姿は，「10 年後，20 年後の大槌の復興・発展を担いうるローカル人材の育成」を理念として整理され，大槌町の教育が目指すものとして位置付けられることになった。

　そこで，学校教育においては，「命やものの大切さと人の絆の大切さを受け止め，人としての在り方や自らの生き方を考え，見つめること」，「地域復興を目指すふるさとの中で，自らの役割や責任を考え，ふるさとを支える担い手になること」といった「生きる力」や「ふるさと創生」に関する資質や能力を育成するため，大槌町で一貫した教育課程を組み，それに基づいた教育活動を展開することとした。「ふるさとを愛し，ふるさとを形づくる人」を目指し，小中 9 年間を通した横断的なカリキュラムの根幹をなす「ふるさと科」の創設である。「ふるさと科」の創設によって，大震災までのふるさとの継承，震災後のふるさとの創生という 2 つの側面から，地域への愛着を育み，復興発展を目指す社会の中での自分の役割を見つめ，それを果たしながら自分らしい生き方の実現を目指す児童生徒を育てていくこととしたのである。

　以上の経緯を踏まえ，平成 25（2013）年に「ふるさと科推進会議」が設置され，新しく「ふるさと科」が試行された。そして，学校におけるふるさと科の実践とふるさと科推進会議による協議を繰り返しながら，平成 27（2015）年に大槌学園，吉里吉里学園において「ふるさと科」が本格的に実施されることとなった。

　さらに，町全体で大槌の子どもたちを育てていくという理念のもと，ふるさと科の創設と並行して「大槌町コミュニティ・スクール協議会」が新設され，学校教職員と地域や保護者代表らによる熟議により「目指す子どもの姿」（図14-5）が作成された。これにより「学校」「家庭」「地域」それぞれが目指す目標と役割が明確化され，連携・協働による教育活動のよりいっそうの推進が図られることとなった。

図14-5　目指す子どもの姿

d 「大槌町教育大綱」と「子供の学び基本条例」

　平成27（2015）年4月より「地方教育行政の組織及び運営に関する法律の一部を改正する法律」が施行され，これにより各地方公共団体の長は，その地域の実情に応じ，それぞれの自治体の教育，学術及び文化の振興に関する総合的な施策の大綱を定めることとなり，大槌町では「大槌町教育大綱（みんなでつくる"教育の町「おおつち」"宣言）」を策定した。大綱の作成にあたっては，大槌学園，吉里吉里学園，大槌高校の生徒代表にも町長との懇談を通して学びに対する思いを語ってもらう機会を設けるなど，のべ500人を超える町民らからの意見を反映させた。教育や町づくりに携わる多種多様の方々の意見が取り入れられた教育大綱の理念「学びがふるさとを育て，ふるさとが学びを育てる町，おおつち」や「町民のあり方・目指す姿」などをもとに，子ども・家庭・学校・地域・行政が連携を取りながら，大槌町の教育を推進していくことが確

認されたのである（図 14-6）。

　「大槌町教育大綱」に加えて，平成 31 (2019) 年 4 月より，「大槌町子供の学び基本条例」が施行された。同条例では，以下の目標などが掲げられ，0 歳から 18 歳までの一貫した学びを保障する体制が整えられた。

　「大槌町子供の学び基本条例」より抜粋
　第 3 条　大槌町の子供における教育は，次に掲げる目標を達成するために行われる。
(1) 豊かな体験を通して，物事を探究する意欲を育み，自らの在りたい姿や志を深め，予測困難な未来を生きるため生涯学び続けることのできる力を養うこと。
(2) 地域や社会の課題に対し，当事者として主体的に参画し，対話と共感により，互いの立場の違いを越えて協働し，その解決に寄与する態度を養うこと。
(3) 町の伝統文化や豊かな自然への深い体験や理解を通して，郷土に愛着と誇りを持ち，ふるさとの未来に寄与する態度を養うこと。
(4) 防災に関する知識と行動様式を習得し，自助・共助・公助の精神を養うこと。

---

e 「ふるさと科」の目標

　「ふるさと科」は，「生きる力」や「ふるさと創生」といった「生き方」を基盤とした特別の教育課程の中核をなすものである。ここでいう「生きる力」とは，命やものの大切さと人の絆の大切さを受け止め，人としてのあり方や自らの生き方を考え見つめ，よりよい未来へ向け踏み出す力である。また，「ふるさと創生」とは，地域復興を目指す「ふるさと科」の中で自らの役割や責任を考え，ふるさとを支える担い手になることである。このことに加え，特別活動において育成する資質・能力における重要な 3 つの要素である「人間関係形成」，「社会参画」，「自己実現」の視点も関わらせながら，ふるさと科で育成する資質・能力を策定する。よって「ふるさと科」は，総合的な学習の時間の全

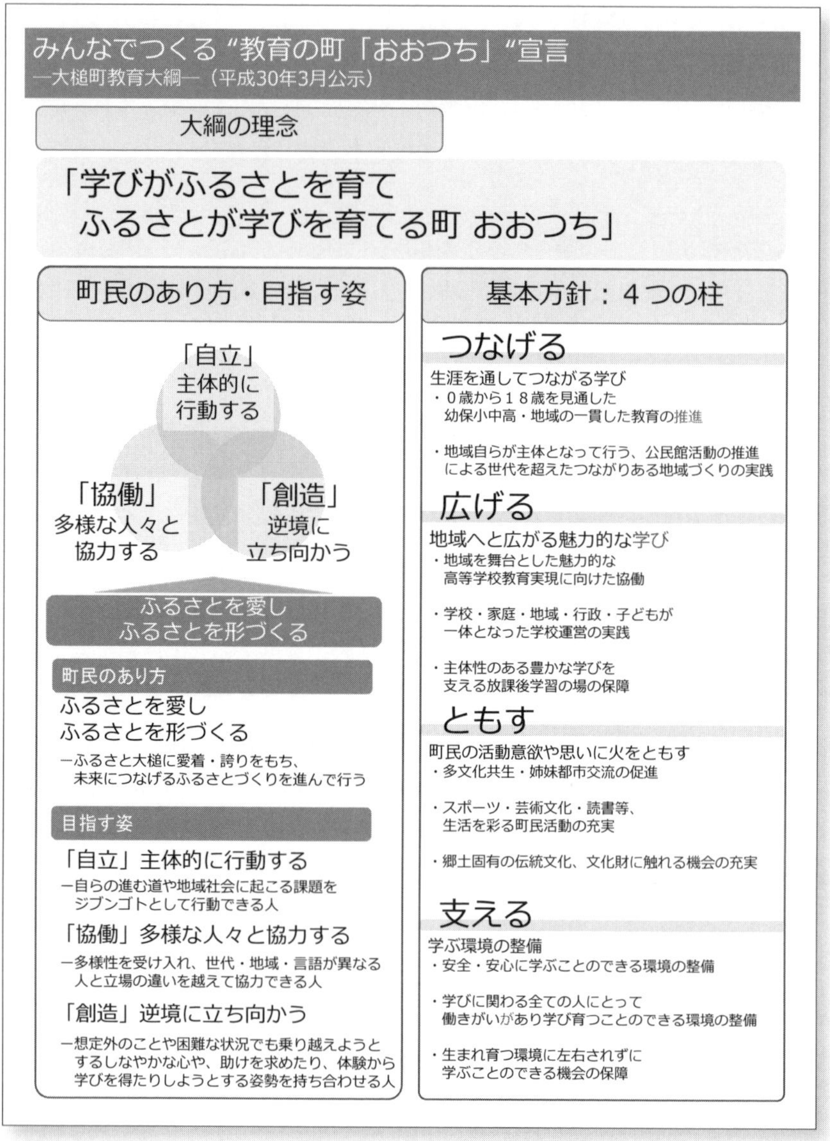

みんなでつくる "教育の町「おおつち」"宣言
―大槌町教育大綱―（平成30年3月公示）

大綱の理念

「学びがふるさとを育て
ふるさとが学びを育てる町 おおつち」

町民のあり方・目指す姿

「自立」
主体的に
行動する

「協働」
多様な人々と
協力する

「創造」
逆境に
立ち向かう

ふるさとを愛し
ふるさとを形づくる

町民のあり方

ふるさとを愛し
ふるさとを形づくる

―ふるさと大槌に愛着・誇りをもち、
未来につなげるふるさとづくりを進んで行う

目指す姿

「自立」主体的に行動する
―自らの進む道や地域社会に起こる課題を
ジブンゴトとして行動できる人

「協働」多様な人々と協力する
―多様性を受け入れ、世代・地域・言語が異なる
人と立場の違いを越えて協力できる人

「創造」逆境に立ち向かう
―想定外のことや困難な状況でも乗り越えようと
するしなやかな心や、助けを求めたり、体験から
学びを得たりしようとする姿勢を持ち合わせる人

基本方針：4つの柱

つなげる
生涯を通してつながる学び
・0歳から18歳を見通した
幼保小中高・地域の一貫した教育の推進

・地域自らが主体となって行う、公民館活動の推進
による世代を超えたつながりある地域づくりの実践

広げる
地域へと広がる魅力的な学び
・地域を舞台とした魅力的な
高等学校教育実現に向けた協働

・学校・家庭・地域・行政・子どもが
一体となった学校運営の実践

・主体性のある豊かな学びを
支える放課後学習の場の保障

ともす
町民の活動意欲や思いに火をともす
・多文化共生・姉妹都市交流の促進

・スポーツ・芸術文化・読書等、
生活を彩る町民活動の充実

・郷土固有の伝統文化、文化財に触れる機会の充実

支える
学ぶ環境の整備
・安全・安心に学ぶことのできる環境の整備

・学びに関わる全ての人にとって
働きがいがあり学び育つことのできる環境の整備

・生まれ育つ環境に左右されずに
学ぶことのできる機会の保障

図14-6　教育大綱

てと生活科及び特別活動の一部をまとめた特別の教育課程に位置付けられている（平成24年に教育課程特例校に指定）（表14-2）。

表14-2 「ふるさと科」の時数

「ふるさと科」の時数		
1・2年生	40時間	生活科（30時間）＋特別活動の一部（10時間）
3～9年生	80時間	総合的な学習の時間（70時間）＋特別活動の一部（10時間）

　以下，「ふるさと科」で目指す子ども像，目標及び育てたい資質・能力「3つの柱」を示す（表14-3）。

表14-3 「ふるさと科」の「3つの柱」

「ふるさと科」で目指す子ども像		
郷土に誇りを持ち，社会の変化に柔軟に対応し，将来への夢や希望を描き実現へ向けて努力する子ども		
「ふるさと科」の目標		
ふるさとの復興発展や生き方・命に関する探究的な学習活動や望ましい集団活動を通して，よりよく課題を解決し，ふるさとへの愛着を深め，よりよいふるさと・自己の生き方を創造していくための資質・能力を次の通り育成することを目指す。		
育てたい資質・能力		
「生きる力」と「ふるさと創生を担う力」		
「自立」 〜意志がある〜 自らの進む道や地域社会に起こる課題をジブンゴトとして行動できる。	「協働」 〜仲間とともにある〜 多様性を受け入れ，世代・地域・言語が異なる人と立場の違いを超えて協力できる。	「創造」 〜逆境から創り出す〜 想定外のことや困難な状況でも乗り越えようとするしなやかな心や，助けを求めたり，体験から学びを得たりし，新たな価値を見いだすことができる。

　これらを踏まえ，町内の各学園では，4・3・2制の各ステップや学年において育てたい資質・能力等を検討し，具体的なカリキュラムを作成，改善しながら「ふるさと科」に取り組んでいる最中である。

f 「ふるさと科」の主な内容

　ふるさと科の目標を達成するために，ふるさと科で育てたい資質・能力をベースとしつつ，各教科，領域等の関連内容を明らかにしながら，指導すべき

学習内容を次の柱（1）から（3）の3つの視点で分類した。

柱（1）地域への愛着を育む学び

　〜各学園の特色を生かした学び〜

・地域の歴史や特産を学び，地域社会への関心を高め，主体的に関わる
　態度を育成する。

・郷土の文化・郷土芸能を学び，郷土への愛着心を高める。

・町の復興発展をとらえ，ふるさとの将来像を見つめる。

柱（2）生き方・進路指導を充実させる力を育む学び

　〜将来の夢や希望を育む学び〜

・郷土の産業や経済を学び，憧れを持ち生き方や進路を考える。

・復興を目指す地域社会の中で自分の役割を理解し，主体的に将来を切
　り開く能力を育成する。

・地域や多様な企業・団体と連携した職場体験により，生き方を考え実
　現しようとする態度を育成する。

柱（3）防災教育を中心とした学び

　〜命の大切さを見つめ，主体的に判断し行動する学び〜

・郷土の自然・地形や災害，防災体制の意義についての理解を深め，災
　害時や防災に対しての主体的な判断力と実践力を育成する。

　以上，ふるさと科で育てたい資質・能力を明らかにしつつ，地域や学園の特
徴を生かしながら各学園において特色ある活動が展開されていく。次節では，
大槌学園のふるさと科の取り組みについて紹介していく。

2. ふるさと科の実践例

a　学年ごとの主な活動内容

1)「地域への愛着を育む学び」について

1年生	かねなり団子づくり・昔遊び
2年生	町の探検・紙芝居交流会
3年生	海たんけん・山たんけん・お宝マップ作り・鮭の稚魚放流
4年生	植樹活動・川の水生生物調査・イトヨ・海洋生物学習
5年生	米作り・鮭の学習（調理・孵化場見学）
6年生	大槌の人・歴史探訪・ありがとうプロジェクト
7年生	防災フィールドワーク・新巻鮭作り
8年生	大槌から盛岡を見つめる・大槌から他県を見つめる
9年生	語り部プロジェクト・大槌から他県を見つめる

2）「生き方・進路指導を充実させる力を育む学び」について

1年生	キャリアパスポート・こころの授業「自分の気持ちとからだ」
2年生	キャリアパスポート・こころの授業「気持ちと言葉で伝える」
3年生	キャリアパスポート・こころの授業「自分と友達の気持ちを知る」・人権教育
4年生	キャリアパスポート・こころの授業「気持ちのやりとり・情動コントロール」・キャップハンディ・認知症・人権教室・二分の一成人式
5年生	キャリアパスポート・こころの授業「自己・他者理解・安心なコミュニケーション」・Let's5探検隊
6年生	キャリアパスポート・こころの授業「ストレスマネジメント・アサーティブなやりとり」・未来
7年生	キャリアパスポート・こころの授業「自己理解・自己の多様性を大切に」
8年生	キャリアパスポート・こころの授業「合意形成・気持ちの表現と折り合い」・職場体験
9年生	キャリアパスポート・こころの授業「自分を活かす・自他の問題解決のために」・進路（高校・生き方）

3）「防災教育を中心とした学び」について

1年生	ダンゴムシポーズ・身の回りの危険箇所
2年生	とっさの行動・避難場所・標識
3年生	地震津波メカニズム・避難経路・防災グッズ
4年生	ライフライン・地域の防災施設・災害への備え
5年生	津波の仕組み・緊急地震速報・応急処置
6年生	情報の発信・収集・判断・防災マップ
7年生	応急・救急処置・防災フィールドワーク（地域）
8年生	津波のメカニズム
9年生	避難所運営体験（地域）・地域のために

b 実践事例

1) 5年生「鮭の学習」

学年	5年生
主な内容	地域への愛着を育む学び
題材	鮭の学習（鮭料理・孵化場見学・稚魚放流）
地域人材	小豆嶋漁業・商工会女性部・役場農林水産課・新おおつち漁業協同組合
ねらい	・大槌の特産である鮭について学習し，地元の産業について理解する。 ・仲間や地域，ふるさとの人たちの考えに耳を傾けながら，コミュニケーションを図ろうとする。 ・大槌人の思いや考えを感じ取りながら，孵化場での仕事や稚魚の放流などの仕事について理解することができる。
内容	鮭を使った料理体験 ①鮭を使った料理実習（鮭の解体ショー，調理活動及び会食） ②鮭に関する学習と鮭ます孵化場での学習 ③鮭の稚魚放流活動（図14-7） 図14-7　鮭の学習
児童生徒の感想	鮭の解体では，メスはきれいなオレンジ色の大量のイクラが見えたし，オスは大きい身が特徴的でした。調理実習に入ると，優しく担当の方が教えてくださって，料理の手順を間違うことなく鮭フライができてよかったです。 　鮭の解体を見学して，メスからイクラがいっぱい出てきてびっくりしました。調理実習をして学んだことは，鮭を揚げる前の準備の仕方と，みじん切りです。手作りのタルタルソースが，とてもおいしかったです。 　ぼくたちが鮭を食べることに，孵化場が関わっていることを初めて知りました。寒い中，細かい作業をするのは大変だと思いました。卵が死んでしまうと，白くなることも初めて知りました。3月に稚魚を放流するのが，とても楽しみです。 　孵化場には，稚魚がいっぱいいました。その中に黒い稚魚がいて，かっこいいなと思ったけど，話を聞いたらその稚魚は病気だということがわかりました。卵の水槽も見ました。今すぐ生まれそうな卵もあって，黒い目も見えていました。稚魚のエサの匂いは，ニボシの匂いに似ていました。

| 授業者から | 　鮭の切り身は食べたことがあっても、「丸ごと1匹を解体するのを見るのは初めて」という子どもたちがほとんどで、とても興味深く観察していた。講師の方々に「鮭は捨てるところがほとんどない」と聞き、とても驚いていた。料理作りも、すべての班に講師の方がついてくれて、とても安心してできた。「命を丸ごといただく」という感覚をダイレクトに味わえる学習であった。この学習があったので、「鮭の一生」についても、真剣に話を聞くことができた。 |
| | 　短時間であったが、実際に地域にある施設を見学したり、稚魚に接したりすることで、児童のふるさとに対する思いや命についての理解を深めることができると感じる。また、施設の説明を聞くだけでなく、エサやりの体験することができて、子どもたちの喜びは大きかったようだ。 |

2)　9年生「防災学習」

学年	9年生
主な内容	防災教育を中心とした学び
題材	地域のためにできること～大槌学園が避難所になったら～
地域人材	大槌町役場総務課危機管理室・社会福祉協議会・大槌学園を避難所とする地域の方々・井戸端会議室
ねらい	・地区集会や避難訓練で防災について学んだことを通して、避難時における行動基準及び注意事項を理解する。 ・学校の施設を活用した避難所で炊き出し体験をすることで、地域と学校の結びつきや災害時に地域の一員としてできることを理解し、実施することができる。 ・相手や目的に応じて、分かりやすくまとめ、表現することができる。
内容	①防災学習オリエンテーション ②事前学習1「大槌学園の施設と防災」 ③事前学習2「避難所運営ゲーム（HUG）」など（図14-8） 図14-8　避難所運営ゲーム

内容	①避難所運営 ・避難所班（受付係，誘導係，家族係，総務係，健康係，予防係）（図14-9）  図14-9　避難所運営の様子 ・炊き出し班（図14-10）  図14-10　炊き出し班の様子 ・倉庫班（図14-11）  図14-11　倉庫班の様子 ②事後学習「まとめ」

児童生徒の感想	避難所運営学習をもとに，もし災害が起きたとき，避難所を運営している人に何を手伝えばいいか聞いてみるなど，人の役に立つような活動をしていきたいです。
	炊き出し班では，非常時を想定してアルファ化米などを用いてご飯を作ったりそれを配ったりしました。非常時には相手の状態などを知るために，コミュニケーションが必要で人に対する気遣いが大切だということを学びました。
	倉庫班では，倉庫内の掃除や整理という活動を通して，「自分が避難した人だったらどうするか考える」ということを学びました。また，地域の方からは，人のことを考えて，思いやりを持って行動することを学びました。
	総務に求められるのは，素早い情報整理力とそれを全体に反映させて避難者一人ひとりの情報を把握する力です。避難者が次々とやってくる中で多くの情報を整理し，指示を出したり判断を下したりととても仕事が多くて大変でした。これが本当の災害で今回よりも多くの方が避難してきたらより的確で素早い判断が求められるので運営する方々の大変さを実感することができました。
地域の方から	自分でできることを発見し，行動できていた。（一緒に活動した生徒の）顔を覚えることができた。これからもぜひ，手伝ってほしい。
	学校だけでなく，地域の人とみんなでできたことが素晴らしい。経験できたことがすばらしい。みなさんからの声がけがうれしかった。今回のことをぜひ，生かしていってほしい。
	災害はいつ来るかわからない。そして，忘れてしまうものでもあるから，ぜひこの取組みを続けてほしいと思う。

3. まとめ

a これまでの成果

　震災から 10 年が経過し，東日本大震災津波の風化が懸念される昨今であるが，大槌町においては，教育課程の中心に「ふるさと科」を位置付けることで，「生きる力」や「ふるさと創生」に関する資質・能力を培ってきた。

　ふるさと科を創設するにあたり，まず子どもたちの置かれている現状を分析しつつ児童生徒の課題を明らかにした。次に大槌町の復興発展を担う人材を育成するために必要な資質・能力を洗い出し，整理して系統化した。9 年間のそれぞれの発達段階において育むべき資質・能力や目指す子ども像を設定し，それを町内や学園で共有することによって，評価・検証が可能でかつ持続可能な学びを創出することができた。また，「大槌町子供の学び基本条例」に掲げられている「0 歳から 18 歳の学びの保障」のもと，大槌高校や町内幼稚園・保

育所・認定こども園とも連携しながら一貫した学びを実現させてきた。さらに、大槌町コミュニティ・スクールによる協働により、子どもの学びを学校だけに閉じずに地域社会に開き、地域と学校が互いに連動し、補完しながら子どもの学びを保障してきた。子どもたちは、町の復興発展に力を尽くす周囲の大人たちの背中を見たり、ふるさとに誇りと愛着を持って生活する人々と触れ合ったりしながら、それぞれの課題を解決する過程において、町のよさに気付き、自己の生き方について見つめ、考え続けてきた。子どもたちが夢中になって大槌について学ぶ姿を見るにつけ、周囲の大人たちもふるさと大槌の魅力を再発見し、復興発展を押し進める力の源となったことは間違いがないだろう。いわば「ふるさと科」は、大槌町の子どもにとって必要な資質・能力を育成する学びの核となってきたことはもちろん、子どもの成長に町全体が責任を持って関わっていくという意思を示しながら、縦軸と横軸どうし、または縦軸と横軸をしっかりとつなぐという重要な役割を担ってきたのである。

　一方、震災の傷がいまだ癒えない町民も多く、子どもたちの安定した生活基盤を築くことが難しい家庭があり、そのことにより子どもの健やかな心身の成長に影響を与える懸念が生じている。「ふるさと科」は、設立当初からそのような現在進行形の課題についても対応でき得る力を育成してきた。例えば、ふるさと科の内容の一つである「防災教育」の一環として行われる「こころの授業」は、今の自分や置かれている環境を見つめ、よりよく生きるための資質・能力を育むという側面を兼ね備えている。子どもたちの心の安定の上に学びが成り立つという理念のもとで、防災教育もしっかりと推し進められてきたのである。

b　課題と今後の展望について

　「ふるさと科」創設から5年が過ぎ、これまで町内の2学園（大槌学園、吉里吉里学園）では、学校や地域の特性を生かした教育活動が展開されてきた。

　一方、年月が過ぎ、学校教員も転入職等で大きく入れ替わるなどして、ふるさと科創設当初の意義や理念が置き去りにされてしまっている懸念が生じている。結果、これまで行われてきた活動のみが先行してしまい、その活動が児童

生徒のどんな力を伸ばすために行われ，またそのことによってどのような資質・能力が身に付いたのか十分な検証がなされないままでいる可能性が高い。また，令和2（2020）年度から現行学習指導要領が完全実施となり，これまで以上に育成を目指す資質・能力が明確化された。これらのことを踏まえ，「ふるさと科」の形骸化を防ぐためには，今一度，町の指針や学園教育目標と照らし合わせながら「ふるさと科」で目指す資質・能力を明らかにし，それらの視点で，再度現カリキュラムを見直し，改善を加えていく必要がある。複雑化・多様化する社会に柔軟に対応する力が求められている今だからこそ，しっかりと地に足をつけながらよりよい生き方や自己実現を目指す「ふるさと科」による学びの充実が今後いっそう求められていくだろう。

　さらには，9年間の各発達段階に応じて育みたい資質・能力に一貫性・系統性を持たせ，学びに連続性を持たせることも重要である。目指す子どもの姿や育成する資質・能力，カリキュラムを地域と学校が共有し，共にマネジメントしていくことにより，今後も地域に根ざした教育活動の展開とそれに基づく確かで持続可能な学びが保証できると考える。

参考文献

・岩手県大槌町『生きる証　岩手県大槌町東日本大震災記録誌』2019年
・文部科学省『小学校学習指導要領（平成29年告示）』2017年
・文部科学省『中学校学習指導要領（平成29年告示）』2017年

資料1：小学校学習指導要領　第5章　総合的な学習の時間

第1　目　標

　探究的な見方・考え方を働かせ，横断的・総合的な学習を行うことを通して，よりよく課題を解決し，自己の生き方を考えていくための資質・能力を次のとおり育成することを目指す。

(1) 探究的な学習の過程において，課題の解決に必要な知識及び技能を身に付け，課題に関わる概念を形成し，探究的な学習のよさを理解するようにする。

(2) 実社会や実生活の中から問いを見いだし，自分で課題を立て，情報を集め，整理・分析して，まとめ・表現することができるようにする。

(3) 探究的な学習に主体的・協働的に取り組むとともに，互いのよさを生かしながら，積極的に社会に参画しようとする態度を養う。

第2　各学校において定める目標及び内容

1　目　標

各学校においては，第1の目標を踏まえ，各学校の総合的な学習の時間の目標を定める。

2　内　容

各学校においては，第1の目標を踏まえ，各学校の総合的な学習の時間の内容を定める。

3　各学校において定める目標及び内容の取扱い

各学校において定める目標及び内容の設定に当たっては，次の事項に配慮するものとする。

(1) 各学校において定める目標については，各学校における教育目標を踏まえ，総合的な学習の時間を通して育成を目指す資質・能力を示すこと。

(2) 各学校において定める目標及び内容については，他教科等の目標及び内容との違いに留意しつつ，他教科等で育成を目指す資質・能力との関連を重視すること。

(3) 各学校において定める目標及び内容については，日常生活や社会との関わりを重視すること。

(4) 各学校において定める内容については，目標を実現するにふさわしい探究課題，探究課題の解決を通して育成を目指す具体的な資質・能力を示すこと。

(5) 目標を実現するにふさわしい探究課題については，学校の実態に応じて，例えば，国際理解，情報，環境，福祉・健康などの現代的な諸課題に対応する横断的・総合的な課題，地域の人々の暮らし，伝統と文化など地域や学校の特色に応じた課題，児童の興味・関心に基づく課題などを踏まえて設定すること。

(6) 探究課題の解決を通して育成を目指す具体的な資質・能力については，次の事項に配慮すること。

　　ア　知識及び技能については，他教科等及び総合的な学習の時間で習得する知識及び技能が相互に関連付けられ，社会の中で生きて働くものとして形成されるようにすること。

　　イ　思考力，判断力，表現力等については，課題の設定，情報の収集，整理・分析，まとめ・表現などの探究的な学習の過程において発揮され，未知の状況において活用

できるものとして身に付けられるようにすること。
- ウ　学びに向かう力，人間性等については，自分自身に関すること及び他者や社会との関わりに関することの両方の視点を踏まえること。
- (7) 目標を実現するにふさわしい探究課題及び探究課題の解決を通して育成を目指す具体的な資質・能力については，教科等を越えた全ての学習の基盤となる資質・能力が育まれ，活用されるものとなるよう配慮すること。

第3　指導計画の作成と内容の取扱い

1　指導計画の作成に当たっては，次の事項に配慮するものとする。

- (1) 年間や，単元など内容や時間のまとまりを見通して，その中で育む資質・能力の育成に向けて，児童の主体的・対話的で深い学びの実現を図るようにすること。その際，児童や学校，地域の実態等に応じて，児童が探究的な見方・考え方を働かせ，教科等の枠を超えた横断的・総合的な学習や児童の興味・関心等に基づく学習を行うなど創意工夫を生かした教育活動の充実を図ること。
- (2) 全体計画及び年間指導計画の作成に当たっては，学校における全教育活動との関連の下に，目標及び内容，学習活動，指導方法や指導体制，学習の評価の計画などを示すこと。
- (3) 他教科等及び総合的な学習の時間で身に付けた資質・能力を相互に関連付け，学習や生活において生かし，それらが総合的に働くようにすること。その際，言語能力，情報活用能力など全ての学習の基盤となる資質・能力を重視すること。
- (4) 他教科等の目標及び内容との違いに留意しつつ，第1の目標並びに第2の各学校において定める目標及び内容を踏まえた適切な学習活動を行うこと。
- (5) 各学校における総合的な学習の時間の名称については，各学校において適切に定めること。
- (6) 障害のある児童などについては，学習活動を行う場合に生じる困難さに応じた指導内容や指導方法の工夫を計画的，組織的に行うこと。
- (7) 第1章総則の第1の2の (2) に示す道徳教育の目標に基づき，道徳科などとの関連を考慮しながら，第3章特別の教科道徳の第2に示す内容について，総合的な学習の時間の特質に応じて適切な指導をすること。

2　第2の内容の取扱いについては，次の事項に配慮するものとする。

- (1) 第2の各学校において定める目標及び内容に基づき，児童の学習状況に応じて教師が適切な指導を行うこと。
- (2) 探究的な学習の過程においては，他者と協働して課題を解決しようとする学習活動や，言語により分析し，まとめたり表現したりするなどの学習活動が行われるようにすること。その際，例えば，比較する，分類する，関連付けるなどの考えるための技法が活用されるようにすること。
- (3) 探究的な学習の過程においては，コンピュータや情報通信ネットワークなどを適切かつ効果的に活用して，情報を収集・整理・発信するなどの学習活動が行われるよう工夫す

ること。その際，コンピュータで文字を入力するなどの学習の基盤として必要となる情報手段の基本的な操作を習得し，情報や情報手段を主体的に選択し活用できるよう配慮すること。

(4) 自然体験やボランティア活動などの社会体験，ものづくり，生産活動などの体験活動，観察・実験，見学や調査，発表や討論などの学習活動を積極的に取り入れること。

(5) 体験活動については，第1の目標並びに第2の各学校において定める目標及び内容を踏まえ，探究的な学習の過程に適切に位置付けること。

(6) グループ学習や異年齢集団による学習などの多様な学習形態，地域の人々の協力も得つつ，全教師が一体となって指導に当たるなどの指導体制について工夫を行うこと。

(7) 学校図書館の活用，他の学校との連携，公民館，図書館，博物館等の社会教育施設や社会教育関係団体等の各種団体との連携，地域の教材や学習環境の積極的な活用などの工夫を行うこと。

(8) 国際理解に関する学習を行う際には，探究的な学習に取り組むことを通して，諸外国の生活や文化などを体験したり調査したりするなどの学習活動が行われるようにすること。

(9) 情報に関する学習を行う際には，探究的な学習に取り組むことを通して，情報を収集・整理・発信したり，情報が日常生活や社会に与える影響を考えたりするなどの学習活動が行われるようにすること。第1章総則の第3の1の (3) のイに掲げるプログラミングを体験しながら論理的思考力を身に付けるための学習活動を行う場合には，プログラミングを体験することが，探究的な学習の過程に適切に位置付くようにすること。

資料2：中学校学習指導要領　第5章　総合的な学習の時間

第1　目　標

探究的な見方・考え方を働かせ，横断的・総合的な学習を行うことを通して，よりよく課題を解決し，自己の生き方を考えていくための資質・能力を次のとおり育成することを目指す。

(1) 探究的な学習の過程において，課題の解決に必要な知識及び技能を身に付け，課題に関わる概念を形成し，探究的な学習のよさを理解するようにする。

(2) 実社会や実生活の中から問いを見いだし，自分で課題を立て，情報を集め，整理・分析して，まとめ・表現することができるようにする。

(3) 探究的な学習に主体的・協働的に取り組むとともに，互いのよさを生かしながら，積極的に社会に参画しようとする態度を養う。

第2　各学校において定める目標及び内容

1　目　標

各学校においては，第1の目標を踏まえ，各学校の総合的な学習の時間の目標を定める。

2　内　容

各学校においては，第1の目標を踏まえ，各学校の総合的な学習の時間の内容を定める。

3　各学校において定める目標及び内容の取扱い

各学校において定める目標及び内容の設定に当たっては，次の事項に配慮するものとする。

(1) 各学校において定める目標については，各学校における教育目標を踏まえ，総合的な学習の時間を通して育成を目指す資質・能力を示すこと。

(2) 各学校において定める目標及び内容については，他教科等の目標及び内容との違いに留意しつつ，他教科等で育成を目指す資質・能力との関連を重視すること。

(3) 各学校において定める目標及び内容については，日常生活や社会との関わりを重視すること。

(4) 各学校において定める内容については，目標を実現するにふさわしい探究課題，探究課題の解決を通して育成を目指す具体的な資質・能力を示すこと。

(5) 目標を実現するにふさわしい探究課題については，学校の実態に応じて，例えば，国際理解，情報，環境，福祉・健康などの現代的な諸課題に対応する横断的・総合的な課題，地域や学校の特色に応じた課題，生徒の興味・関心に基づく課題，職業や自己の将来に関する課題などを踏まえて設定すること。

(6) 探究課題の解決を通して育成を目指す具体的な資質・能力については，次の事項に配慮すること。

　　ア　知識及び技能については，他教科等及び総合的な学習の時間で習得する知識及び技能が相互に関連付けられ，社会の中で生きて働くものとして形成されるようにすること。

　　イ　思考力，判断力，表現力等については，課題の設定，情報の収集，整理・分析，まとめ・表現などの探究的な学習の過程において発揮され，未知の状況において活用できるものとして身に付けられるようにすること。

ウ　学びに向かう力，人間性等については，自分自身に関すること及び他者や社会との関わりに関することの両方の視点を踏まえること。

(7) 目標を実現するにふさわしい探究課題及び探究課題の解決を通して育成を目指す具体的な資質・能力については，教科等を越えた全ての学習の基盤となる資質・能力が育まれ，活用されるものとなるよう配慮すること。

第3　指導計画の作成と内容の取扱い

1　指導計画の作成に当たっては，次の事項に配慮するものとする。

(1) 年間や，単元など内容や時間のまとまりを見通して，その中で育む資質・能力の育成に向けて，生徒の主体的・対話的で深い学びの実現を図るようにすること。その際，生徒や学校，地域の実態等に応じて，生徒が探究的な見方・考え方を働かせ，教科等の枠を超えた横断的・総合的な学習や生徒の興味・関心等に基づく学習を行うなど創意工夫を生かした教育活動の充実を図ること。

(2) 全体計画及び年間指導計画の作成に当たっては，学校における全教育活動との関連の下に，目標及び内容，学習活動，指導方法や指導体制，学習の評価の計画などを示すこと。その際，小学校における総合的な学習の時間の取組を踏まえること。

(3) 他教科等及び総合的な学習の時間で身に付けた資質・能力を相互に関連付け，学習や生活において生かし，それらが総合的に働くようにすること。その際，言語能力，情報活用能力など全ての学習の基盤となる資質・能力を重視すること。

(4) 他教科等の目標及び内容との違いに留意しつつ，第1の目標並びに第2の各学校において定める目標及び内容を踏まえた適切な学習活動を行うこと。

(5) 各学校における総合的な学習の時間の名称については，各学校において適切に定めること。

(6) 障害のある生徒などについては，学習活動を行う場合に生じる困難さに応じた指導内容や指導方法の工夫を計画的，組織的に行うこと。

(7) 第1章総則の第1の2の (2) に示す道徳教育の目標に基づき，道徳科などとの関連を考慮しながら，第3章特別の教科道徳の第2に示す内容について，総合的な学習の時間の特質に応じて適切な指導をすること。

2　第2の内容の取扱いについては，次の事項に配慮するものとする。

(1) 第2の各学校において定める目標及び内容に基づき，生徒の学習状況に応じて教師が適切な指導を行うこと。

(2) 探究的な学習の過程においては，他者と協働して課題を解決しようとする学習活動や，言語により分析し，まとめたり表現したりするなどの学習活動が行われるようにすること。その際，例えば，比較する，分類する，関連付けるなどの考えるための技法が活用されるようにすること。

(3) 探究的な学習の過程においては，コンピュータや情報通信ネットワークなどを適切かつ効果的に活用して，情報を収集・整理・発信するなどの学習活動が行われるよう工夫すること。その際，情報や情報手段を主体的に選択し活用できるよう配慮すること。

(4) 自然体験や職場体験活動，ボランティア活動などの社会体験，ものづくり，生産活動などの体験活動，観察・実験，見学や調査，発表や討論などの学習活動を積極的に取り入れること。

(5) 体験活動については，第1の目標並びに第2の各学校において定める目標及び内容を踏まえ，探究的な学習の過程に適切に位置付けること。

(6) グループ学習や異年齢集団による学習などの多様な学習形態，地域の人々の協力も得つつ，全教師が一体となって指導に当たるなどの指導体制について工夫を行うこと。

(7) 学校図書館の活用，他の学校との連携，公民館，図書館，博物館等の社会教育施設や社会教育関係団体等の各種団体との連携，地域の教材や学習環境の積極的な活用などの工夫を行うこと。

(8) 職業や自己の将来に関する学習を行う際には，探究的な学習に取り組むことを通して，自己を理解し，将来の生き方を考えるなどの学習活動が行われるようにすること。

資料3：「総合的な学習の時間」カリキュラム開発のチェックポイント

全体

☐ **1.** 「総合的な学習の時間」（以下，「総合的学習」）の**成立の背景（経緯）**が理解できているか？（産業構造等の変化による社会的要請と学習者中心の経験主義カリキュラムの反映との調和）

☐ **2.** 「総合的学習」の**目標**（学習指導要領上の「第1の目標」）が理解できているか？（何のための「総合的学習」か？ それを踏まえて，**「探究的な見方・考え方」**や**「資質・能力」の三つの柱**との関連が理解されているか？）

☐ **3.** 学習指導要領上の「総合的学習」の目標（**第1の目標**）と，**「各学校における教育目標」，「各学校において定める目標」**および**「各学校において定める内容」**との関連が理解できているか？

☐ **4.** **「各学校において定める内容」**（学習指導要領上の2つ）について理解できているか？

☐ **5.** 「総合的学習」における**学習指導における配慮事項**（特に，探究的な学習の過程における**「主体的・対話的で深い学び」**）の本質と内容が理解できているか？

☐ **6.** 「総合的学習」における**探究的な学習の4つの学習過程**（課題設定－情報収集－整理・分析－まとめ・表現）が理解できているか？

☐ **7.** 教師としての地域理解は十分か？（例えば，**「地域フィールドワーク」**等を実施しているか？ 地域に関する情報，地域の人々の情報等の蓄積を行っているか？ 年度毎の学年・学級あるいは学校全体の「総合的学習」の発表資料等は経年保存されているか？）

各論

☐ **8.** 全体計画策定に際して，**地域の実態（家庭も含む）**が踏まえられているか？（実態把握の根拠〔エビデンス〕は何か？）

☐ **9.** 全体計画策定に際して，**子どもの実態**が踏まえられているか？（実態把握の根拠〔エビデンス〕は何か？）

☐ **10.** 上記の実態把握と，**「各学校において定める（「総合的学習」の）目標」**（および学校教育目標）との関連が意識されているか？

☐ **11.** 具体的な「各学校において定める（「総合的学習」の）**目標」**は妥当性を有するか？（子どもの実態，地域・家庭の実態に即して，育てたい資質・能力が設定できているか？）

☐ **12.** 「総合的学習」の目標設定は，**資質・能力の三つの柱，資質・能力の三つの考え方**（すべての学習の基盤となる資質・能力，「総合的学習」としての資質・能力，現代的な諸課題に対応した資質・能力），さらに「探究的な見方・考え方」と関連付けながら設定されているか？

☐ **13.** 全体計画策定において，**各教科間のつながり**，各学年間のつながり，幼小中高を含めた**校種間のつながり**が，意識されているか？

☐ **14.** 全体計画策定において，**地域とのつながり（物的・人的の両側面）**が意識されているか？

□ 15. **学習内容（特に，探究課題）は，目標の実現にとって妥当な内容か？**（教師として設定する内容をどう構想しているか？；環境，健康・福祉，情報，国際理解のみならず，地域の文化，歴史，産業，先人〔偉人に限らない〕，自然等。キャリア教育，災害・安全教育，主権者教育，金融教育等）

□ 16. **目標設定および内容設定（探究課題設定）は，日常生活や社会との関わりを踏まえ，地域課題・地域素材を生かした設定になっているか？**

□ 17. 学習内容（探究課題）設定は，**子どもの主体的な選択決定を踏まえているか？**（参画）

□ 18. 情報収集の方法を多様に構想できるか？（現地フィールドワーク，自然体験，社会体験，地域や家族・専門家等への聞き取り，アンケート，実験・実演，インターネット，図書館の活用等）（体験的活動）

□ 19. 情報収集に関して，**複数のソース（情報源）に依拠する**必要のあることを意識できているか？（情報の根拠，出典を意識させる。複数の根拠に依拠しなければ情報の信頼性・妥当性は担保できない —— 批判的情報リテラシーの形成）

□ 20. **目標に即して，情報の整理・分析**ができているか？（情報端末によるデータ整理の際の，比較分類の視点，類推の視点，優先度の関係判断等。また，統計処理，図表・図式化，思考ツールの活用も含む）

□ 21. 活動成果の**発表の方法を多様に構想**できるか？（紙資料，スライド資料，新聞，掲示物，製作物，演劇・ドラマ化，映画化，ビデオ等）

□ 22. **学習活動に際して「主体的・対話的で深い学び」のバランスが実現できているか？**（学習意欲，探究活動の質，学習活動における協力協働など）

□ 23. 子どもたちは，「総合的学習」で収集・整理した**資料等を一つにまとめて校内で保存**できているか？（ファイルやバインダー等の活用。ポートフォリオとして）

□ 24. 目標設定に即した**評価**（評価の観点，評価規準，パフォーマンス評価・ポートフォリオ評価，個人内評価等の評価方法）を多様に駆使しているか？（教師による評価のみならず，保護者・地域の人々による評価，子どもたちの相互評価，自己評価等）

□ 25. 成果発表会を行う際には，**他学年，近隣他校，家庭や地域の人々，専門家等，学習での関係者を招待**しているか？（参会者の質疑応答や感想意見の時間も取ることが望ましい）

□ 26. 成果発表会の開催がゴールでは無く，発表会を踏まえて，その後の学習の成果と課題，特に，これから**子どもたちが，自分で何を考え，行動していけばよいかの見通しを持てる振り返りの場が設定**されているか？

□ 27. 子どもたちの学習成果は，家庭・地域や他校に**情報発信**されているか？（学級通信，学校通信，地域広報誌での発信，成果物の各方面〔関係者のみならず，公共図書館，公的機関や施設等〕への冊子配布，ホームページ掲載等）

□ 28. 現実の学習活動において，**家庭・地域・専門家等との連携協力**が適切に位置付けられているか？

□ 29. **校内の教師間の協力体制**が実現できているか？

□ 30. **全体計画・年間指導計画・単元計画が関連づけられ統一的に構想作成されているか？**

（※編者［田代］作成）

人名索引

事項索引

■英数字

■あ行

■か行

編者

田代高章（たしろ・たかあき）
岩手大学教育学部教授。岩手大学大学院教育学研究科長。専門は教育方法学，教育課程論，総合的学習。日本教育方法学会理事。主な著書に『子どもの参加の権利——〈市民としての子ども〉と権利条約』（共著，三省堂，1996年），『授業研究——重要用語300の基礎知識（重要用語300の基礎知識 2)』（共著，明治図書出版，1999年），『教育方法技術論（教師教育講座 第9巻)』（共著，協同出版，2014年），『新初等教育原理』（共著，福村出版，2014年），『教育方法学研究ハンドブック』（共著，学文社，2014年），『「主体的・対話的で深い学び」の理論と実践』（共著，東信堂，2019年）など。

阿部　昇（あべ・のぼる）
秋田大学大学院教育学研究科特別教授，秋田大学名誉教授，東京未来大学特任教授。専門は教育方法学，国語科教育学。日本教育方法学会常任理事，日本NIE学会理事，全国大学国語教育学会理事。主な著書に『文章吟味力を鍛える——教科書・メディア・総合の吟味』（明治図書出版，2003年），『教育の方法と技術〔改訂版〕』（共著，学文社，2015年），『確かな「学力」を育てるアクティブ・ラーニングを生かした探究型の授業づくり——主体・協働・対話で深い学びを実現する』（明治図書出版，2016年），『物語・小説「読み」の授業のための教材研究——「言葉による見方・考え方」を鍛える教材の探究』（明治図書出版，2019年），『増補改訂版 国語力をつける物語・小説の「読み」の授業——「言葉による見方・考え方」を鍛えるあたらしい授業の提案』（明治図書出版，2020年）など。

執筆者一覧

1章　　髙田麻美（たかだ・あさみ）　岩手大学教育学部

2章　　田代高章　編者

3章　　細川和仁（ほそかわ・かずひと）　秋田大学教育文化学部

4章　　福嶋祐貴（ふくしま・ゆうき）　京都教育大学大学院連合教職実践研究科

5章　　田代高章　編者

6章　　阿部　昇　編者

7章　　菅野宣衛（すがの・のぶえい）　秋田大学教育文化学部附属小学校

8章　　鈴木　誠（すずき・まこと）　岩手県滝沢市立篠木小学校

9章　　藤島美子（ふじしま・よしこ）　秋田大学教育文化学部附属中学校
　　　　櫻庭　豊（さくらば・ゆたか）　秋田大学教育文化学部附属中学校

10章　　加藤佳昭（かとう・よしあき）　岩手大学教育学部附属中学校
　　　　三浦　隆（みうら・たかし）　岩手大学教育学部附属中学校
　　　　宮川洋一（みやがわ・よういち）　岩手大学教育学部

11章　　六郷博志（ろくごう・ひろし）　秋田県井川町教育委員会

12章　　千葉邦彦（ちば・くにひこ）　岩手県住田町教育委員会

13章　　腰山　潤（こしやま・じゅん）　秋田県立十和田高等学校

14章　　和田裕之（わだ・ひろゆき）　岩手県大槌町教育委員会

「生きる力」を育む 総合的な学習の時間
——自己創造・社会創造へつながる理論と実践

2021 年 4 月 5 日　初版第 1 刷発行
2024 年 2 月10 日　　　第 3 刷発行

編著者　田 代 高 章
　　　　阿 部　　昇
発行者　宮 下 基 幸
発行所　福村出版株式会社
〒 113-0034　東京都文京区湯島 2-14-11
　　　　　　電話　03-5812-9702　FAX　03-5812-9705
　　　　　　https://www.fukumura.co.jp
印　刷　株式会社文化カラー印刷
製　本　協栄製本株式会社